U0030963

女神狀態

創造自己的真愛體質，
吸引有愛的關係

ＡＷＥ情感工作室
文飛（Dana）——著

本書謹獻給賦予我此書內容一切靈感與體悟的人：
Mohammed Ayman，沒有他就沒有這本書的誕生。

Chapter

1 /

　　　/　懂愛之前，先懂什麼不是愛

Chapter

2

了解愛，從轉換宇宙觀開始

Chapter

3

關係中的能量流與陰陽能量的動態關係

Chapter

4

女神狀態與真愛體質

「愛，是不符合常理的。」

這是我在用身心靈體會愛是什麼之後的深刻感想。至少在這本書出版的時候，「愛」對世界來說應該還是不符合常理的。這邊說的愛，並不是指我們常常掛在嘴邊的愛，而是真正的「無條件的愛」。我希望不久後，愛會變成世界的常理，希望這本書的誕生，可以為這個願景盡一點微薄之力。

體驗到本自俱足的無條件的愛，將會開啟你的女神狀態及真愛體質。過去我在研究愛情關係時，也會追求變成

所愛之人的「女神」，但當我真正地接觸所謂「神性」時，發現女神狀態跟我原本想像的內容有很大的落差。

而真愛體質，則是能夠吸引真愛的關係圍繞（這並不一定是指愛情關係）。也因此我會花一些篇幅解釋何謂「還不是愛（會被消磨以及產生對立的關係）」跟「是愛（真愛）」的差別。

老實説，我到現在都還是沒辦法百分之百地描述我的體驗，愛太過龐大、深刻、神奇。在我仍然不認識愛為何物時，愛甚至是一個難以令我接受的概念。但我會盡我所能地，把我從不認識愛到接受愛的過程清楚地寫出來。

「愛是一切問題的解答」這句話我相信大家都可能在動畫、漫畫或各種故事裡看過類似的概念，對之前尚未了解愛是什麼的我，也覺得這句話很天真，愛怎麼可能是一切問題的解答呢？但對於現在的我來説，這句話是真實不虛的。

就像是當我們不喜歡自己的時候，總認為一切人際關係的問題都出在自己不夠好、不夠優秀，無法相信「喜歡上自己」就是讓一切人際關係問題轉變的那把鑰匙，直到我們真的這樣去實踐之前，那聽起來都像是遙遠且理想化

的笑話。

　　研究親密關係將近十年，最後的我近乎是對這一切感覺到疲乏，我自認為知道所有關係問題的解法了，我認為只要讓自己一直保持「選擇權」，並且學會重複誘惑伴侶，讓自己「成為永遠吊在馬前面的胡蘿蔔」就可以維持一段美滿又長久的關係。剛開始當然非常興奮，覺得自己在關係的路上會變得很順利，但在實踐的路上卻發現這是一個沒有贏家的答案。最後我開始問自己：為什麼不能全心全意的去喜歡一個人呢？為什麼越是付出真心、對對方越好，對方越是不珍惜？為什麼愛情變得好像只是一個關係平衡的遊戲？

　　在這遊戲裡，喜歡獨處、需要自己空間的、能夠性愛分離的陽性方似乎更天生適合當關係中的贏家，陰性方只能辛苦地不斷使用手段來成為那個咬不到的胡蘿蔔。難道真心誠意沈浸在愛對方的情感之中是不被允許的嗎？為什麼我所研究的關係，到了最後，答案卻跟愛離那麼遠？（這邊說的陽性陰性跟性別沒有絕對關係）

　　我簡直束手無策，「婚姻是愛情的墳墓」、「對對方越好，對方越拿翹」，還有那些聽到耳朵都長繭的出軌故

事，這些體驗實在是太普遍了，普遍到好似人性本賤就是愛情的真理。在我尚未認識愛之前，我是一個對自己跟他人都很苛刻的現實主義者，用現實的手法追求理想的關係。就算我努力當個胡蘿蔔，最後也是把自己弄得渾身是傷又身心疲乏。就算我再怎麼了解男人，我也沒有心力在關係中操作各種技巧。**最重要的是，我發現想要透過「操控」來得到愛，是一條絕對的死路跟幻覺。**

2020 年 10 月，我經歷了一個翻轉人生的體驗，我在自己身上認識了無條件的愛，關於真愛的一切是如此簡單、純粹。這個體驗給了我一個全新的視角，讓我像是鳳凰浴火重生一般，跳脫出二元對立的無解牢籠，原來我過去所理解的感情關係，跟愛並無相關。我過去對他人所述說的愛這個詞彙，對應到的內容只是一種執著，現在的我只能說我們普遍看到的那種關係很「符合常理」，但真愛卻是反常理之道而行。執著使我們活在認為「可以透過操控來獲得」的幻象之中，幻象在無條件的愛的力量下逐漸消融後，我發現了一個更廣闊、美好的世界，我將之稱為「真實世界」。

認識了愛之後，人生的一切都變得極其單純，在這不

可思議的體驗中，我看到了圓滿、不費力關係的可能性。在這個體驗的衝擊之下，我被迫重新定義什麼是戀愛、什麼是喜歡，世界像是被分解又重組一樣。「對事物的定義與認知」是一切人生際遇的源頭，我們是否能愛上能讓彼此幸福的對象，選擇健康的關係，都與它直接相關。

過去的我認為「失去會很痛苦」這種情感才是「很愛對方」的證明，我無法理解愛要怎麼在「不害怕失去」的狀態下存在。不害怕失去，不就等於我沒有喜歡對方嗎？不害怕失去的話，我為什麼還會想要跟對方在一起呢？當時眼界跟心胸都仍然狹隘的我，無法理解「害怕失去」並不與「想要」劃上等號。

不只是愛情關係，這世界上的一切都變得好清晰、好簡單、好純粹，之前的複雜跟絕望在愛的世界裡不留一絲痕跡。愛好似帶我跳脫了次元，往幸福開啟了一條全新的道路，那裡沒有痛苦、不需要玩關係平衡的遊戲、也沒有恐懼。希望這本書，也能為各位讀者開啟通往這樣的世界的道路。

在許多影視作品中，某些角色面對金山銀山的時候可以視而不見，面對血海深仇能輕輕放下，這是我在尚未理

解愛之前無法理解的事。為什麼菩薩聖人們如此慈悲，願意去做那麼大的發願跟付出。是什麼可以讓區區人類能不被利益誘惑？面對仇恨可以用平和的心去面對？那樣的精神力到底是從哪裡來的？

就算看再多的書、關於愛的文字都只能用我狹隘的腦袋、過去的經驗去試圖解讀。那種感覺很像是我是一個活在 1800 年代的古代人，不小心看了 2020 年未來人對於生活的記載，試圖用 1800 年代的生活背景去理解 2020 年的便利生活那樣。但是，如果我看了從 1800 年代到 2020 年之間所有未來人的生活記載，了解發展的進程跟完整的未來歷史，不是一次就跳到 2020 年代，那就比較容易了解了吧？

這本書的內容跟觀念，可能會跟我以前出過的書有一些出入，但這無關乎好壞對錯，其實只需要問自己一句：「我想要體驗什麼樣的關係？」如果認為圓滿、無痛苦、不用努力經營的關係對你來說太過於不切實際，那可能我以前寫的內容更加適合現在的你來閱讀。但如果你想要體驗看看無條件的愛，那種喜悅滲透到靈魂深處的關係，那麼也許這本書會讓你滿意。

這是試圖挑戰所有關係常識的一本書。某部分它可能

會有點哲學、有點抽象，但愛本身就是一種無法用理智去理解，只能用感受來經驗的事。愛，是無條件的，不會痛苦、只有無限的喜悅。只要你願意相信，它就存在。

請不要
經營關係

　　關係經營，對維持關係來說，似乎是一件理所當然而且政治正確的事。但「需要被經營才能延續」的關係，事實上打從一開始就註定短命。

　　這樣說也許很殘酷，但如果你熱愛吃美食，吃美食是你打從心底喜歡做的事，並且會讓你充滿欣喜，那麼你應該不會將這件事情稱為「經營」。你不需要刻意地去安排自己「找好吃的餐廳」，尋找美食、把美食吃下去，並不是一件需要「費力」去做的事。這是經由你的「心」自然引領你的過程，整個找美食、吃美食的過程都讓你心曠神

怡。

　　經營需要出現的情況，大概會是：你是一個靠鑑賞食物賺錢的美食評論家。如果你熱愛看電影，你是否會認為沒日沒夜的看電影是一種「經營」？是否需要「費力」？當沒日沒夜看電影是為了某種交換時，才能稱做經營，或需要「費力」。

　　但你在看電影時或是走去餐廳時，的確眼睛跟雙腳都在用力，雖然在「用力」但卻「不費力」，在做喜歡的事的過程中腳步都是輕盈的。即便你是個靠評論電影賺錢的YouTuber，你也不見得會把看電影這件事看成「經營」，如果你仍然打從心底享受看電影帶給你的一切體驗，不把取得金錢放在第一順位的話。

　　（這個世界上擁有大智慧的人，都一致認為金錢並不是喜悅的來源，因為他們理解錢本身不具有任何價值，錢的本質只是一種交換體驗的中介，是虛幻的。賺錢並不是喜悅的來源，是一種有目的的交換，我們有錢會喜悅的原因是在「能夠體驗的選擇變多」的那種自由，或有被他人認同的成就感的種種體驗，並不是因為我們擁有了很多張印有數字的紙。）

我們只有在需要達成某種目的、取得利益的時候才會使用「經營」這個詞彙，而在關係中的目的是「長久地維持關係」。如果我們只是純粹享受去做一件事的感覺，不去追求任何結果，那麼它就與「經營」沾不上邊。純粹享受一件事情，這件事能帶給我們喜悅，才有可能長久地讓我們想要去做它，而不會突然有一天出現反彈。

　　「經營」代表的就是對績效的追求，也代表著你並不純粹喜歡做這件事。

　　「不要經營關係」不代表你不用跟你的伴侶溝通、約會、耍浪漫，我傾向用另外一個詞彙代替，叫做「滋養關係」。做這些事情不需要使用「經營」的出發點去看待，而是雙方真心喜歡這麼做的時候才去做。只有當「關係經營的內容」對彼此變成一個不需要任何回報，可以純粹享受的「興趣」時，你就找到了「對的人」。

　　以「經營」的角度看待關係，「讓伴侶開心」就不免會變成了義務，那麼關係內的真實感受就會很容易被否定，好像只要不想維持關係、不想溝通、不想付出的那方就是「錯」的一方，就理當覺得自己「不應該」。但不想溝通、不想經營、不想付出的那方，真的有錯嗎？「不想做」也

是一個真實的、需要被尊重的感受。

　　一段關係如果不刻意「經營」就會結束，那是不是代表兩個人為了「維持在一起的狀態」，是否就得否定自己的感受，不能選擇去做自己真心喜歡的事？如果讓對方開心、為對方著想並「不是」你打從心底純粹沈浸享受的事，還需要用「經營」做為理由才想做，那麼這段關係便不是屬於你的關係，不論你的頭腦認為你們彼此是多麼地合適，或是你有多麼不想要放開對方。

　　當我們內在擁有了愛與幸福的能量，會自然而然地變得不去計較利益得失。看到對方開心、害羞、驚喜的神情，將會變得比其它所有自利的活動都更令人陶醉。那些看似「無私」的行為，對「是愛」的人來説，都是無限的樂趣。

　　我知道這也許很難接受，因為也許你會發現你在現在的關係裡並沒有這樣的感受，也對這段關係的命運感到焦慮，使你不舒服或恐懼。那也沒關係的，因為這也是前往愛的世界的必經過程之一，我們終究都會到的。

　　愛的體驗讓我了解，我雖然喜歡過好多人，曾經跟前男友糾纏好幾年放不下的我，對親密的關係的運作理解也算是比一般人更深刻的我，卻不曾真正懂得什麼是戀愛、

什麼是喜歡、什麼是性慾望、什麼是愛。（聽起來也許很誇張，但我並沒有任何的誇大）

純粹又美麗的情感跟體驗湧入了我的心中，跟以前那些我「以為是愛」的情感跟經歷形成強烈又清晰的對比。讓我明白我以前擁有的，只不過是看不清事物全貌的執著，與為了滿足內心空洞的依戀情節。我發現以前自己會對關係斤斤計較的原因，並不是我的錯（當然也不是對方的錯），只是我擅自將對方認定成「必須努力在一起」的對象，而我跟對方的關係的本質，事實上從來不包含喜悅，只有內心的洞被暫時補上的安全感，這些安全感會偽裝成快樂。

「需要經營才能維持的關係」說白了就是用人工的手段，刻意地延長本質上短命的關係，因此需要不斷地在日常變得無聊時，刻意地創造對方對浪漫投射的內容。或是在一段時間內，做點什麼來證明、讓對方感受自己是被重視的，或是被愛的。我們沒有辦法無條件地相信自己是被對方愛著的、或是被重視的，所以才需要「經營」。

如果我們能無條件地相信自己是被愛著、重視的，我們就不是因為感受到缺乏而要求對方來補足。那些關係中的約會、小心思、調情都是在「毫無缺乏」前提下的豐富

體驗。就算知道對象的心不在自己身上，也不會覺得缺乏，選擇離開也是出自於對彼此的尊重，而非因為「受傷受夠了」。是在毫髮無傷的狀態之下，安然接受走上不同道路的時刻來臨了。

　　經營有沒有其效果？有的，經營的確可以延長這段關係的壽命。但，這就像人類壽命延長也不代表等於變得幸福一樣，關係能延續、維持並不代表你很快樂。這些需要經營才能維持的關係又是否有其價值？絕對有的，這些關係使我們更認識自己，使我們掙扎、痛苦，使我們有動力去尋找「愛」。這些「不是愛」的關係激發了我們內在各種黑暗，使我們發現自己的真實。但不管是什麼樣的關係，任何關係都是一面鏡子，能照出我們平時無法發現的自我。

　　我們不需要特別去延長一段關係的壽命。該開始的關係讓它開始，該結束的關係就是該讓它結束。每段關係的出現都有它自己的任務，有它本身的性質跟期限，它都會扮演在你生命中給你某些體驗跟學習的角色，讓你慢慢「靈性成人」往愛的真實世界前進。

　　我們需要做的，就只是試圖讓自己一直維持在「放鬆」的狀態之中，然後適合我們、能帶給我們幸福、充滿愛的

關係在我們釋放各種生命課題之後，會自然而然地出現在我們的生命之中。這種關係不需要抓住，也不需要刻意維持，只需要兩個人都跟著自身的喜悅走，就能自然而然成長茁壯、越來越豐盛，不會互相消耗，反而是互相滋養壯大彼此。

它會輕輕地停在你張開的手掌上，一直自發性地滋養著你，你不需要拽著對方跟你溝通、也不需要哀求對方注意你，或用道德綁架來迫使對方專一。因為滋養你、愛你、為你做的所有的事，也是對方純粹的「興趣」而不是義務。

如果滋養關係變成興趣，根本不需要有其他人督促，就像你想要享樂、玩耍，光是享受都來不及了。沒有任何一件我們真心喜歡做的事，會需要對方用教條、規範來催促我們。

我們普遍認為關係可以透過「作用」（付出、溝通）來影響它，但當我越是了解關係，就發現了一個盲點：那些可以分享關係長久甜蜜秘訣的情侶，關係的維持並不是因為經營才延續，而是那本來就是一段不必經營的關係（他們雖然嘴上說那是「經營」秘訣，但事實上兩個人長期自然而然都很享受滋養彼此的行動，並沒有將那些行動用「經

營」的本質來看待）。

　　對於一個處在自然期限很短的關係中，熱戀期過了之後光是去驅動對方維持關係的動力跟意願都很困難。那些網路上分享的關係經營的文章，雖然能夠短暫、小幅地改變一段關係的感受，但事實上並不能撼動關係既有的本質。

符合常理的關係——
我們愛上的只是想像

　　近年來心理諮商開始被重視、兒時創傷被廣泛地討論，顯示了人類整體心靈的進程已經有所進步，但同時也凸顯了一件事：我們仍然認為「需求」才是關係成立的基礎，沒有了需求，關係也就失去了它的意義。但這同時是我們無法去愛或是被愛的最大的盲點。這看起來好像很嚴重，但卻沒有任何問題，因為那是我們認識愛的必經過程，唯有知道「什麼不是愛」才能認識「什麼是愛」。以需求作為基礎而建立的關係，是「符合常理」的關係形式。

　　（談論「符合常理」的關係之前，我要非常清楚的界定

「需要（需求）」跟「想要（欲求）」的差別，在我以前出的每一本書都會提到這個概念。）需要是「沒有會很不舒服，有了也不會非常快樂」，而想要是「沒有不會不舒服，有了會為生活加分」的兩種不同的能量出發點。雖然在普通的生活對話中，想要跟需要這兩個詞的使用並沒有非常明顯的區別，但是在本書區別這兩個詞彙是非常重要的事情。

　　「符合常理」的關係是這樣開始的：彼此因為符合彼此對於愛情的投射而看對眼，努力展現自己最好的一面，產生了甜蜜的熱戀期。投射是因內在缺憾而生的產物，創造出理想對象的形象（是照顧者的激似版、改良版或完全相反版），藉以彌補我們內心的缺口。我們就像戲劇的導演一般，想要一個符合這個角色形象的演員，來演出我們心中的劇本。因為我們追求著去演活那個心中的劇本是固定的，所以我們理想的伴侶的形象也會差不多是固定的（不見得只有外表或形象是固定的，也可能是任何重複的情感或相處模式、迴圈）。只要能激發起我們內在導演心中的OS：「這個人簡直就是為了這個角色而出生的！」愛情的注定悲劇就正式開始——因為每個人都是他自己，而不是你要他演的角色。

這也是我們常常聽到的：「你喜歡上的是你對對方的想像，而不是對方本人」。在戀愛經驗慢慢增加時，我們內在的導演會發現一件事：「根本沒有人可以真正完美詮釋我內心的那個角色，沒有人可以完美演出我心中的那個劇本。」因此我們就會開始對愛情感到「失望」。

　　不管是誰，在「找到符合資格的演員」初期，我們都會努力一下來滿足對方的期望，但每個人都會疲乏，沒有人可以在長期的接觸跟衝突中永遠照著對方的期望走，不滿會被累積並且等著被抒發。越相處越會發現對方跟自己的原本美好的「想像」有落差，因此甜蜜的幻覺被打破。別忘記不只是你，對方有很大機率也是一個執著心中劇本的導演，於是兩人開始進入權力鬥爭的階段，互相試圖用主動（溝通說服）或被動（擺爛逃避）的手法來操弄、改變對方，看看能不能使對方「變回去演出熱戀期的樣子」或是「變成自己理想中的對象」。

　　這個時期會產生很多衝突，藉由「溝通」想要讓對方停止讓我不舒服的行為跟想法，試圖讓對方維持在理想的形象裡，這樣才能滿足自己在感情中的需求跟期望，不然就會不舒服、不開心、覺得委屈。然後在這個過程之中，

如果兩個人都不想選擇分開，想要找到解決方案，那就會成為一個「磨合」的過程。

為了彼此協調、妥協，這段關係也就會變成一個不斷尋找平衡點的過程。找到平衡點之後，關係也不能承受太多巨大變化（例如其中一方突然因為重大事件，人生價值觀被挑戰等），因為這樣平衡又會打破，又要重新來過一次。因為彼此內在導演的執著，需要有「彼此妥協」的存在才能繼續維持下去，兩個人都必須配合演出對方的戲碼，沒有人可以被允許做自己，彼此的情感也是這樣慢慢地被消磨掉的，婚姻因此成為愛情的墳墓。

但如果關係一直處於平衡，又會變得缺乏刺激。其中一方可能因為缺乏刺激的不滿足，又再度打破平衡（例如出軌）。因此此種關係的主題就是將精力投注在「不要讓自己太低」或「不要讓對方太高」的蹺蹺板遊戲中。如果關係長期在固定的不平衡狀態，就會使得某方變得過份、冷淡或是「不珍惜」。

這就是「符合常理的關係」的樣貌，是一場二元對立、雙方彼此想著要怎麼壓過、控制對方，如何使自己的傷害降到最低、滿腦子想著如何不要吃虧、如何透過經營得到

回報，是一場沒有贏家的遊戲。而在這種關係裡所追求的穩定，是指「變化很少」而不是「就算有很多變化也無法被挑戰」的堅固情感。

「符合常理的關係」的隱藏主題是「恐懼」與「痛苦」，當需求沒有被滿足，我們會不舒服、會痛苦。需求與恐懼是一體兩面，因為沒有恐懼就不會有痛苦，可以說需求是恐懼的孩子。甚至也會有人會認為，只要我們互相不需要，也就沒有建立關係的必要了。（很多人在關係裡會說出「如果你不能做到這個那個的話，我要你這個男女朋友／老公老婆要幹嘛？」很明顯地是建立在需求上的功能性關係。）

我們下意識就會希望被需要，並且下意識想要創造對方需要我們、離不開我們的狀況，因為這是關係建立的唯一可能依據。因而只要仔細想想就能明白這場互相「需要」的關係的本質是一種牢籠，也難怪時間越長感情越淡薄了。

雖然市面上愈來愈多喊著獨立自主、不需要任何人的兩性書籍，但是其中的內容除了「滿足自己的需求」的那句口號之外，其餘關於「維繫關係」的內容都仍然是「以需求為基礎才成立」的邏輯，其實非常矛盾但卻又難以察覺。

舉我自己的例子來說，我理性上知道對感情不能執著，不然會吃虧，所以我的解法就是要成為一個「有選擇權」的人，讓自己能夠「讓（操控）」任何我想要的人無法抵抗我的魅力、任我擺佈，這樣我就算被拋棄也不會太在意或難過，因為還有很多有魅力的人等著跟我在一起，我便不會「缺」。

　　我以前以為這是一種力量，但事實上是另外一種恐懼與懦弱。有一天我就突然問自己一個問題：奇怪，為什麼在面對關係時總是以「自己會被拋棄」為前提呢？為什麼我總是在為最壞的結果做準備呢？

　　我雖然能夠藉由瞭解對方的弱點（童年的創傷、需求），進而了解對方對於愛情的投射，去滿足對方在感情中的需求、呈現對方感情投射中的樣貌，來創造對方「愛上我」的感受（這就是誘惑的技術）。或是我可以利用「第三者」的出現來刺激對方產生「害怕失去」的動因來挽回一段感情。面對每種狀況，我都知道操弄性的解法，但這樣真的好累。

　　我發現我過去近十年所研究的東西，都與愛沾不上邊，都只是巨嬰想要透過各種方式來操縱他人以達成自己期望

的方法論。由那樣的手段所建立的關係，雖然感覺很強烈，但卻一點都不真實、也不自然。

久而久之我發現這些關係有幾個共通點：它們都無法承受「平淡的日常」的考驗，如果沒有戲劇化的劇情、不去特別刺激對方，就無法維持「想在一起」的心情。也無法主動地將毫不起眼的活動享受成最好玩的事，而是得從外在去尋找他人、伴侶、環境的刺激。這就是為什麼這樣的關係「經不起考驗」。

一顆樹苗不用特別的輔助跟刺激，不用奮力、努力就會自然地舒展自身而生長。那麼一段需要花心思去操弄、使人疲勞又不安的關係，無法像樹苗一樣優雅、自然生長苗壯的關係，是我要的嗎？只要停止操弄、停止努力，關係就會快速地崩壞、漸漸地腐朽，這樣的關係，是真實的嗎？

為了得到對方而「欲擒故縱」的我並不真實；為了不要分開才願意讓對方開心的我並不真實；對對方越好，得到的結果卻是對方的不珍惜、不尊重；對對方不好，對方反而窮追不捨。總是用互相傷害來博取對方的注意，來證明、考驗自己對對方的重要性。我們總是想要限制彼此的

自由、希望對方一直在自己的牢籠中，逼不想道歉的人道歉，逼不想溝通的人溝通。這樣的關係普遍又常見，但它到底是什麼呢？

　　既無法感受到幸福，卻也無法放手，於是討厭起那個在關係中總是在斤斤計較的自己。不管再怎麼「溝通」，好像都沒什麼實質改變，好像自己永遠都是那個比較想要關係能順利的人，永遠是自己努力想改變、永遠是自己在拖著對方前進，只能祈禱對方有一天會突然開竅，會自發性想要跟上自己的腳步，想著是不是如果自己夠努力，對方也會變成我期望中的樣子？

　　就算關係內感受到的強烈情感大多是痛苦跟不安，就算自己的內心在內戰，也在跟對方打仗，卻說服自己這樣的不離不棄、主動擔待、承受痛苦的頑強就是愛。仔細想想，這簡直是損害心靈健康（toxic relationship）。但為什麼我們總是進入這樣的關係？到底哪裡出了問題？

　　我終於發現問題所在：我們一直以來所認為「戀愛」跟「需求」無法分割的這個預設前提，並非真相，是很狹隘的看法。我們認為戀愛的情感一定得跟童年創傷、依戀模式掛鉤，沒有人在討論「不需要依戀」的戀愛長什麼樣

子（我個人認為這跟「安全依戀」模式還是有差別的，安全依戀雖然沒那麼戲劇化，但本質還是依戀）。

何謂依戀？依戀是一種因為彼此需要而衍伸出來的情執。我們狹隘地認為人不可能脫離過去經驗的束縛，認為人的真相就是被過去所定義的。而本書正是要挑戰這種觀念。

「符合常理的關係」檢測表

- 跟他剛開始認識的時候，覺得他好完美，沒有缺點。
- 剛開始認識的時候，對方覺得我很完美，沒有任何缺點。
- 熱戀期過後，他變得好像沒那麼喜歡我／我變得好像沒那麼喜歡他，會去思考與其他對象的可能性甚至展開行動。
- 對他好之後如果他沒有也對我好，我就會很在意很委屈。
- 看到對方因為我而難過或受苦，我會有一種莫名的快感。
- 如果對方讓我很難受，我也會想要讓他將心比心嚐嚐看這種難受的感覺。
- 對方如果在我不在的時候過得很開心，我會不太高興。
- 如果對方會因為我感到受傷，我會覺得開心跟被在乎。
- 現在雖然沒有很幸福，但只要對方改變了，我們一定能幸福。
- 關係在需要溝通、協調的時候，對方／自己常常抱持迴避態度，覺得很麻煩。
- 如果對方離開我，我會非常痛苦、難受甚至會想死。
- 如果我離開對方，對方會很痛苦、難受甚至會想死，我也會很有罪惡感。
- 我好像做什麼，對方都不滿意／對方不管做什麼，我都

無法滿意。

- 我相信只要我們肯努力，關係一定有改善的機會。

- 如果我們分手了，並且完全沒有復合的可能的話，我不
  會想要花時間跟對方相處。

- 覺得自己越喜歡對方，自己越是辛苦。

- 感覺自己／對方內心還有無法遺忘的對象，感覺對方／
  自己並不是對方最喜歡的。

- 就算自己／對方做再多事情證明是愛對方／我的，對方
  ／我還是一直需要對方證明。

- 我／對方會時不時刻意測試自己是否還愛自己／對方。

- 如果在我還喜歡對方的期間，對方選擇我以外的人，我
  會無法祝福他們的幸福。

- 我很常羨慕其他情侶彼此的相處，覺得自己的關係互動
  不夠完美。

- 在關係裡面會很在意誰在上風誰在下風，誰比較愛誰。

- 如果對方不需要我了，對方一定會拋棄我。

　　只要超過 2 項，就代表你正處於一段以需求為基礎的
關係之中。

Chapter

1

懂愛之前，
先懂什麼不是愛

個體化：內在能量層面的 「成人」與「獨立」

在榮格的理論中，有一個概念叫做「個體化」，意思是在「在心靈層面上成人」。我們的肉體在 20 歲左右成人，但是我們的心靈有可能到 60 歲都還是一個巨嬰。不論是親子關係、愛情關係還是友誼關係中，那些看似永遠對立無解的問題，都來自於我們在心靈層面上的幼稚，我們將需求寄託在自己以外的人事物上，因此無法賦予自己跟他人完整的自由。

當我的人生因為愛的體驗衝擊，宇宙觀漸漸崩壞時，我身邊的朋友都開玩笑地說我「成仙」、不當人了，但對

我來說，這純粹只是榮格所説的「個體化」的歷程。甚至，可以説方法非常單純，單純到讓過去不斷看書、對知識焦慮的自己也覺得不可思議。

依我自己現在的理解來説，過去那個被創傷、需求束縛跟控制的我，需要透過控制他人才能安心的我，與其説是個人類，不如説是有機的肉身機器人。過去的經驗就像寫好的程式，植入在我們的內心，使我們被別人按下那個按鈕，被刺激（trigger）到時，總是會選擇一樣的反應、一樣的思路、一樣的解讀、一樣的情緒，我們理所當然地認為「固定模式」的存在是必然的。

所謂的「女神狀態」（或男神狀態），可以説是脱離固定模式、框架的束縛的一種狀態。我們不必被自己內在的框架束縛（但我們會以為那是我們太在乎別人的看法），我們可以自由地在調色盤上面調配跟選擇不同色相的自我，不需要被任何一種固定的定義綁架。每天的自我都能給自己驚喜，自然也不會有跟別人的關係變得「無聊」或毫無變化的問題（因為自我不再被過去定義）。雖然本書是把這種狀態稱為「女神狀態」，但在榮格的定義裡面，就只是成為一個「自然人」而已。

固定的模式來自於恐懼，恐懼成為了路障，使得我們會下意識的選擇避開，形成被塑形好的固定路徑。而當我們落入恐懼的支配，就會覺得每次都無法自控地走同樣路徑的自己，是無法改變的。

何謂「自然」？即是遇到類似的狀況，也能知道不同的人、不同的狀況、不同的時間點都擁有不同的前提，能夠如實地去感受、全然地接受當下接收到的資訊，並做出相對應的回應（response），而不是拿過去經驗來套用及預測，這樣才是「自然」。

也就是說，當我們處於「自然」狀態時，對不同人、不同狀況自然能呈現不同的樣態（並且不會產生內外不一致的落差），像是自然界中，一切物質之間的化學反應，產生的結果都是以自己的存在性質為中心，如實反應在環境中接觸到的所有情報。

當我們進入個體化，那就代表我們已經脫離固定的角色或個性（可以進入所有角色跟個性），面對刺激時，不再依循機械化式的反應（react），而是真正去感受，蒐集不同狀況、能量層次上的資訊，並且做出「回應」（response）。

當我們能回應而不是反應，就沒有固定的可預測的個

性可言。但這並不代表我們會失去人格魅力，而是所有角色、個性跟自我表達形式，都能用我們個人最獨特的方式來體現。像是有不同品質的可愛、不同品質的性感、不同品質的帥氣等等，同樣的形式卻有相差很多的感受，就是在體現能量層次的真相。

　　個體化同時也是一種脫離與其他個體互相依賴、共生的狀態，達成真正的「獨立」。也許我們的肉身是成人，但尚需要藉由他人的存在來認同、滿足需求的我們的內在，大部分的人內心大多還是個孩子。因此我們會去依賴、依戀，無論是透過酒精、愛情、人生導師或是宗教。所有的執著、上癮、狂熱都是非獨立的表現，直到我們可以真正地不去依賴任何的權威（老師、父母、任何機構），真正地獨立地去體驗生命，不需要任何他人的建議，下指導棋時，我們才在能量真相上「成人」。

　　此種獨立，是能量真相上的獨立，而不是形式上的獨立。因為一個人可能看起來很獨立，生活完全不需要依靠任何人，但在能量的真相上，他可能是因為過度害怕依賴別人，使自己完全避免有可能依賴別人的情況。這代表著在能量真相上，他的依賴性其實非常強，強到他連任何依

賴的形式都不敢表現，是一種物極必反。當我們真正地認識「控制」跟「操弄」的虛幻性時，獨立才真正成立。

情感套路——
操弄跟控制

　　所謂的操弄跟控制，便是我們認為可以藉由「作為」來影響他人的一種遊戲規則。我們可以藉由誘惑的技術，讓特定對象對你產生迷戀，對你朝思暮想甚至犧牲一切來跟你在一起，但卻無法讓對方無條件愛你，因為誘惑的技術要起作用，本身就需要很嚴苛的條件。

　　因為誘惑的技術，是一種掌握對方的需求跟弱點，藉由激發對方的內在恐懼、創造幻象跟投射形象的技術。它可以讓你滿足被很多對象追求、迷戀的虛榮心，卻無法讓你獲得真實的愛。因為藉由誘惑技術所創造的迷戀，他們

的情感投注在一個不存在的形象裡，一個永遠追不到的幻覺之中。只要你用真實、完整的自己去與他們互動，或是把平淡的日常加入到這段關係中，這段關係肯定會快速崩解。

誘惑的技術也只有對內心滿目瘡痍的人才有用，**對於一個內在圓滿的人，誘惑的技術即使發揮到極致也沒有任何的吸引力**。因為內在圓滿的人只會對「真實」感到喜悅。的確，對於一個仍然被創傷給影響的人，誘惑的技術非常管用，因為恐懼跟幻想是一個非常強的驅動力，能激起強烈的情緒跟執著，甚至偏執。因為對於內心尚未療癒完成的人來說，世界的真相是殘酷且令人失望的，因此他們更願意活在幻想裡。會受害於渣男、渣女的人，是由於內在抗拒不自我的真實才會受到對方創造的幻象所吸引（就是其實也想被騙，就算有怪怪的地方也選擇不去看它，因為不希望幻想被打破）。但真實世界是否能給你美好的體驗，完全取決於你的內在世界的樣貌，因為我們都是用自己的雙眼在看世界，而不是別人的眼睛。

操弄跟控制其實非常、非常驚人地的普遍，也不是只有欺騙女孩子身體跟感情的 PUA *才會使用的，任何歲數的

*PUA 是「Pick-up Artist」的簡稱，翻譯後的意思類似「把妹達人」。原本是一個以異男為主的攻略女生的教學，透過心理學技巧與系統化練習和異性互動，後來扭曲演變為搭訕、誘惑對方發生性關係、獲取金錢的套路。

人都有極大可能無意識地去操弄、控制他人。只是 PUA 是「有意識」的在學習做這件事（而且剛剛說了，誘惑的技術就是頂級的操弄技術，但這對內心圓滿的人並不管用。所以你會發現使用 PUA 技術的人所吸引來的對象的內在能量都不穩定，必然是彼此消耗、角力的關係。）

操弄跟控制其實並沒有想像中少見，所有由「需求」作為前提而建立的關係都**必然存有操弄**。一個小孩想要引起爸媽的注意，但他知道只有哭泣能引起爸媽的注意，所以就算他當下並不是真的想哭，他也會選擇「有效」的作法，利用「表演哭泣」來達成目標，而不是自由地表達當時自己真正感受到的情緒。這就是操弄跟控制，並不是特別邪惡或帶有不好意圖的一種作為，但的確是忽略了自我跟他人的個體性，將對方當成滿足需求的工具，也把自己的真實給否定了。

當我們在操弄，我們當下就是經歷了自我的分裂，明明我沒有真的想裝可愛，但是為了讓對方喜歡上我，我選擇有效的方法，而不是以當下真實感受到的內在驅動去表現。如果我明明想裝可愛，但我卻因為排斥裝可愛這個行為而不選擇去做，同樣是一種操弄。只要我們是因為某個

「由他人來決定結果」的目的（例如被喜歡、被接納）而否定、隱藏自己真實的感受，這就能被定義成操弄跟控制，即使目的並非傷害他人。

在現代，我們將「做自己」限定在某種外向且口無遮攔的形象上。但做自己是只能在「能量層次上實現」的一種狀態，「裝可愛」雖然是裝，但是只要是打從心底想要裝，不是牽制於任何人，那裝可愛就是做自己。所有有受他人反應跟結果牽制的目的，都是非自由意志的、恐懼的驅動。但這種恐懼較難被覺察，很容易會被「強烈的執念」蓋過，讓我們誤以為如此強烈的感受或偏執，就等於是我發自內在真正「想要」的。

強烈的感受跟執念，源自於對特定結果的巨大排斥，是被恐懼給誘導，而不是真正的選擇。真正的選擇只有在對所有結果都「沒有抗拒」的前提下才能成立。例如我不吃蘋果，不是因為「抗拒」蘋果，只是不想吃而已。一個人「真實」的意向，代表著不論條件如何、結果如何，都不會改變選擇，選擇真實就代表著跨越恐懼與被他人牽制的勇氣，才是真正的「自由」意志的運作。

舉個簡單的例子來說，如果我內心有一個政治不正確

的想法，如果我是害怕被別人批評所以選擇不說，那就不是真正的選擇，而是被「害怕被批評」這個恐懼給誘導，我們在恐懼存在時，無法辨別自己是真的不想要講還是因為被恐懼誘導。所謂「真正的選擇」是當我選擇不說時，是單純的「不想說」並不是因為「不敢說」。

這兩者的差別在於，我是否信任跟認同自己的所有選擇。當我「不敢說」而選擇不說，內在會有一種不舒服、被壓抑的感受，但是當我因為「不想說」而選擇不說，內在則不會有不舒服、被壓抑的感受。真正的選擇是當我對每個選項都「沒有外在阻力」時才成立。

當一個人沒有任何恐懼時，所有的控制跟操弄將失去其施力點。就算他剛好做出了你期望中的行為，那也是他當下想這麼做，並非受制於你的期望。也就是說，這個人隨時也可以選擇不滿足你的期望。

就像是電影中的反派，雖然能夠驅使他的手下因為恐懼而聽從他的話跟指令，卻並非全心全意的忠誠。一個能夠獲得他人 100% 的忠誠心，就必定不能把對方行動的動機與恐懼、束縛作為掛鉤。我們若只是希望身邊的人配合演出自己的期望，就算不符合對方真正的心意也沒關係的話，

那操弄是沒有問題的。但如果希望你的關係擁有真正的親密，可以用真實來對待彼此的話，那操弄就會出現非常大的問題。

當控制或操弄起作用時，你所操縱的對象也只是對方信以為真的假象，是被恐懼支配的自我，只要他決定不再聽從恐懼的指示的那一天，你所認為能控制或影響對方的現象就會立即失效。當對方活在恐懼的控制之下，我們的確能「暫時」藉由對方的弱點享有控制對方的效果，獲得暫時虛假的安全感。但你控制的真的是對方嗎？如果你控制的並不是對方真實的自己，那你到底在控制跟操弄什麼呢？

也因此佛家說：「一切有為法，如夢幻泡影。如露亦如電，應做如是觀。」什麼是「有為法」？就是所有想透過「作用」去影響外界人事物的所有方法。對應此書的概念就是操弄跟控制，如夢泡影是在說它是虛假的。就像是朝露或閃電，只是一瞬間，那要怎麼對待它？接納他本來的「如是」虛假，且會變動的本質。當我們「如是」對待一切事物，順「勢」（不是順「意」而是順「勢」）而為，那就進入了老子說的「無為而治」。

生活中潛藏的操弄：
廣告、愛情騙子、
無法接受你自由的關係

　　前面提到，操弄與控制潛伏在生活中各處，並不是只有愛情騙子才會使用，甚至可以說它們被目前這個社會視為「正常」的事情，但若不去意識到這些潛藏在我們生活周遭的操弄，我們將會難以完成個體化。

　　操弄與控制，簡單來說就是以「恐懼」作為驅力的一種煽動。所以其實我們接觸大部分的廣告都使用了許許多多的操弄手法。我們生活充斥了許多「你不購買這個，你的生活就會有危機或不會被愛」的潛藏訊息。老實說我們接觸到的大部分的商品，我們都是不需要的，是業者利用

我們內心的創傷、焦慮所創造的假需求。

　　例如中秋節的烤肉、情人節的巧克力、結婚要買鑽石戒指、女人胸部不能下垂、不吃膠原蛋白就會快速老化、一大堆不吃可能就會完蛋的保健食品、不用就會變醜不被愛的保養品、你不上就會落後他人失去競爭力的課程……，但這麼多天花亂墜的「研究顯示」，有哪些是我們真正參與、能夠親自去證實它的確是我們需要的東西呢？還是我們只是聽到「權威機構」就下意識地失去質疑的自信？

　　如果去讀醫學院的人大部分都是因為「想賺錢」、「想出人頭地」而不是「想救人」的話，那麼我們的醫療體系與研究機構，就會順理成章潛意識地去配合「繼續使人無法痊癒」的產業結構。如果今天有了使全人類都突然變得無病的治療手段出來，如此斷人財路的事情，會自然被忽略或是在潛意識中被迴避、激烈否定的可能性是很高的。

　　因此「權威」本來就不可信，什麼機構、哪個人是權威，是誰認定的？那個被認定的機構／人又為什麼可以被當作標準？因為有名？有名氣就代表有實力、為他人著想嗎？這個、那個的「研究」，拿出一堆你根本不懂的專有名詞，就是我們相信它的依據嗎？

以激發我們內在恐懼作為手段的廣告，幾乎不會替我們解決任何問題，而是替我們創造更多莫須有的問題。因為恐懼可以無限上綱，並且使人失去判斷力。所以請從現在開始留意，有哪些廣告是用甜言蜜語暗示你「你不買它，就會有不好的下場」的，你都需要再好好思考自己是不是真的需要那些東西。

操弄從我們求學的時候就已經開始，只要與「權威」扯上關係的地方，都充滿著操弄，也就是說家庭、學校、公司、宗教等場域可能都是。例如利用大人的立場去否定孩子的感受（而且理由就只是因為他們是大人），強迫下一代接受上一代的價值觀等等，這些都是操弄。這些操弄時常假「道德」跟「愛」之名，使得沒有權力的那方只能質疑自己的感受，最常見的句型就是：「我是為你好」。

為什麼需要說出「我是為你好」這句話呢？如果聽了對方的建議後，能打從心底地感到欣喜，那對方還需要說這句話嗎？這句話出現的前提，就是你已經感到不舒服或出現反抗的情形，對方為了不變成壞人的角色，或想逼迫你服從他才說出的一句情緒勒索的話語（但說這句話的本人，大多會強力否認自己擁有這些晦暗的動機）。

我相信以下這些對話，對讀者們來說一定不陌生：

A：「我好熱喔，可以開冷氣嗎？」
B：「哪會熱啊？吹電風扇就很涼了！」
A：「你講這句話讓我很受傷。」
B：「這哪有什麼，你太大驚小怪了。」
A：「這水好燙！」
B：「哪會燙啊，來，再摸一次！」

它們是非常「正常」的對話，也許很常出現在你跟父母的對話之中，但是裡面卻包含了非常嚴重的問題。那就是在這個互動之中，A 的感受被完全的否定，並且暗示只有 B 看世界的視角才是「正確」的。如果 A 的身體感受到熱，一定是 A 感受錯了，B 的身體感受才是對的。如果 A 心裡感受到受傷，一定是 A 感受錯了，只有 B 的感受才是對的。而在愛情關係中，這種句型會轉化成這句話：「你想太多了」。

這並不是在指責任何人，因為如果這些想法、話語被社會視為「正常」的話，那否定別人的 B 自己本身也是在「無

法質疑這樣的對待」中的環境下長大，這並沒有對錯的問題。只是我們人類的心靈要進步，就需要更高度的覺察力，並認識我們處在什麼樣的環境底下。當我們都無法接受他人擁有內心的黑暗面時，我們自己也會無法正視自己的黑暗面，轉而把這種能量拿去謾罵、否定我們看不慣的那些人事物。

請記得，這個世界上唯一知道怎樣對你最好的，只有你自己。沒有任何你以外的人可以告訴你怎樣對你來說是好的、可行的道路，人生該做什麼選擇、該相信什麼答案。每個人的狀況、立場、條件都不一樣，沒有人可以當你的代言人，不管這個人多有名、多成功、多聰明、講過多少漂亮的話都一樣。

如果有任何人試圖想要幫你做人生的決定，不管這個人是誰、對你有多少恩惠，注意到暗示著「你不照我的話做，你的人生會過得不好」的話語，例如當聽到說你這樣會下地獄、會沒有福報、流落街頭、無法被愛等等的話，請你都停下來想想你自己真正想要的是什麼。

舉我自己的例子來說，我從事戀愛教學超過 5 年，一直到去年我才意識到自己在教學上的嚴重盲點，它是一種

先行者的自負與脆弱。我會無意識地暗示我的學生要到達我的程度「很困難」，並且我也會在無意識中在開發教學內容時朝「達到我的程度的方法很複雜」的方向去思考，因為我潛意識中希望他們跟我一樣辛苦，跟我付出一樣的代價，甚至更多。在這樣的潛意識運作中，我自然而然不會去開發「簡單又不複雜」的解法。

　　直到我消融了我執，在教學互動中真正地為學生著想，我的意識都以為我正在盡全力簡化方法跟理論，毫無二心地幫助我的學生進步。但我沒意識到自己內心有種晦暗的部分，是害怕學生會輕易地超越我，或是「不需要經歷辛苦就得到幸福」。

　　如果我是某項技藝的達人，我花了好幾年的時間讓自己學會了某個看起來超難的特技，所以我教後輩時，都告訴他們一定要跟著我的腳印，如果想速成或輕視我的方法的人，我都會想罵他們，告訴他們那樣是不對的、會有不好的後果。只有照著我以前走過的路去走，跟我一樣練習好幾年才會有好結果，也會擅自認定又輕鬆又簡單的方法根本不可能存在（但事實上不是不存在，是我抗拒它存在的可能）。

當然這與「想要投機取巧、想要速成」的出發點不同，一個理解萬物本質的人所發現的純粹又簡單的道路，跟滿心想要「逃避辛苦、抗拒努力」的人所發現的簡單道路，所到達的終點必然是完全不同的。因為前者符合「真正的選擇」，而後者只是被恐懼誘導。

　　這在日本就有實例，一位被稱為擁有寫輪眼看透一切的女演員「森川葵」*，在日本綜藝節目中不斷地挑戰達人技藝，每一個日本頂尖的達人在示範超高難度的技術時，都說至少得花好幾年訓練才有辦法成功，但這位女演員卻總是能在第一次嘗試、幾分鐘內、幾小時內就成功，而且她已經挑戰過無數個技藝。每一次每個達人都會自信滿滿地否定森川葵，說她不可能學得會，但每次森川葵的表現都讓達人們驚訝得下巴快掉下來，在立馬被超越、踢館之後覺得懷疑人生。（森川葵的學習能力甚至快到連節目組都覺得節目時間長度根本不夠，大家可以搜尋這位人物，有很多影片可以看。）

　　消融我執之後，我才驚覺我以前走過的路雖然不是白走，但是卻不是療癒過程中必經的。想要獲得幸福，不必跟我一樣研究關係長達十年，更不用跌跌撞撞，充滿煩惱。

---

* 寫輪眼是日本動漫《火影忍者》中的獨特異能，具有觀察、複製和極強的洞察力。此為形容森川葵擁有超強學習力及記憶力，像擁有「寫輪眼」般能夠複製達人技藝的能力，輕易完成他人認為困難或花費許多時間才能完成的事。

不用聰明的頭腦、不用超強的邏輯，完成「靈性成人」，事實上比我想像中更加簡單、更加單純。也沒有一定需要花很多時間，更不需要假以他人的協助，也不需要任何的知識，是只要自己下定決心、內在準備好面對了就能完成的事情。（類比就是我發現了森川葵流的方法）

因此身為實踐派，我並不認同「療癒需要小心翼翼，需要他人協助，需要長時間療程」這種學術派的既定觀點。不需要花大錢、不用了解心理學，任何人、任何學歷都能做到，相關的方法會在後續章節談到。在發現自己這樣的盲點之後，我立即推翻以前所建立起來的那些繁瑣又難以達成的系統觀念，那是沒意識到自身自負又脆弱的，無法打從心底希望他人得到幸福的結果。

以愛為名：
操弄和控制的言語
和表現

　　操弄跟控制也很常在不健康的友誼、親密關係中發現，不論我們認為自己跟對方的關係多好，也不代表對方真心地希望你過得快樂。這是一件聽起來很殘酷的事，但在療癒的過程中它需要被覺察。這些充滿操弄與控制、扭曲的浪漫，它被「正常的」包裝在愛情角色扮演的手遊台詞裡、在過度美化一切的偶像劇裡。

　　雖然討論度比較高的愛情騙子的類型是 PUA，但我個人認為 PUA 有點被過度魔化（或過譽），因為在我看來，PUA 們使用的操弄其實是很粗糙的，是一種拙劣模仿。例

如很常沒空、常常在忙、有不能打電話給對方的時候，也沒對自己做出什麼實質的付出，只是常常講一些好聽的話、開開空頭支票。如果真心不想被男人騙，其實 PUA 們行為與話語中的矛盾，是極度容易辨識的。

我個人認為更加難以察覺而且也更加有破壞性的，是參雜著強烈佔有慾，無法好好跟你在一起卻也無法分開的那種糾纏不清的關係。（而上述的 PUA，只要你認真感受就可以發現對方「大部分」的時間都沒有想跟你糾纏，有沒有你好像都無所謂。）這種關係會特別浪漫、特別血濃於水，對方也會主觀覺得自己「非常迷戀你」，但事實上他正在一步步取得對你的完全掌控。

他會試圖將你與其他能夠滿足你情感需求的人分開，使唯一的情緒支持來源變成他自己（例如不喜歡你的朋友、家人，不願意花時間跟他們建立好的關係）。他暗中喜歡你因為他而感到痛苦的樣子，雖然言語、表面行為會表示心疼，但卻不斷地創造你為他痛苦、糾結等樣貌的狀況。

他會非常了解你需要什麼，會說所有「對的話」，做所有「對的事」，對你非常好，甚至讓你感覺到他為了跟你在一起，願意犧牲一切，直到你依賴上他，吃定你不會

離開他之後，一切就不一樣了。他不會輕易地放手或跟你斷乾淨，因為他比誰都害怕失去你，但同時他也是比誰都更會傷害你的人。論邪惡度，可能是 PUA 更勝一籌，因為他們也很清楚自己是有意識地在「騙」。但這種關係可怕的地方就在於，甚至他們連自己都告訴自己這樣折磨你、放不開你就是「愛」。

　　他們可能會說這樣的句子：「沒有人比我更了解你」、「我知道你一定會如何如何」、「你不會遇到比我更愛你的人」、「我這一輩子真正喜歡的只有你」、「雖然我跟她在一起，但我最愛的還是妳」等這種看似很浪漫但事實上在阻止你過得幸福自由的話，他用模糊晦暗的方式將你的心綁在他的身上，但卻無法給你你要的對待。

　　好一點的只是操弄，嚴重一點可能就有情緒跟肉體虐待，暴力相向傷害你之後再爆哭道歉，表現充滿悔恨跟自責的樣子。包含虐待那些句子可能包含貶低，例如「你那麼笨／胖／醜／窮／矮／個性那麼差，你覺得除了我以外能找到完全接受你的人嗎？」或是試圖將你框架在某個固定行為模式裡，並且洗腦你一定會照著那個模式走，否定你的可能性、希望你永遠不會改變，像是「你一定會這樣

的，相信我」、「沒有我你就不行」、「你找不到比我更好的人」。

再舉幾個例句：

「事情都在我的預測之中。」

「哎呀你不懂啦！」

「我經驗比你老到，所以你要聽我的。」

「你以前都是這樣，所以這次一定也是這樣。」

「我都研究這個那麼久，你一個平時沒什麼碰這主題的人怎麼可能比我懂。」

「你不相信也沒關係啊，看看笑到最後的人是誰。」

「早就跟你說了嘛！」

「你自己試試看之後就知道（我是對的）了。」

本書篇幅有限，只能盡量舉一些例子，實際情況中，這些句子會有許許多多的變化型。你只需要記得，當他們的一舉一動都符合我以上說的那些原則時，不論話語跟行動包裝得多浪漫、美麗，只要是暗示且引發你內在恐懼的話語，都是在一點一滴傷害你的個體性。

即使是友誼關係也是這樣，會利用「我是為你好」的角度唱衰你、暗示你你的感受是不對的、或是總是拐彎抹

角地說你不會改變、暗示他最了解你、喜歡預測你的一舉一動、你的未來等。你會發現當你刻意展示「我過得不好」時，他們的心情會比較好，當你日子過得特別順、特別好的時候，他們不會替你開心，反而是酸言酸語。他們很喜歡看到你過得不好，然後藉由安慰你來獲得優越感。

這些人也許不是壞人，甚至有可能是你很親密的家人、愛人，但卻很容易讓你更加深陷於被恐懼支配的牢籠中。在你建立起不會被他人影響的精神力之前，遠離這些人是非常重要的。孔子說：「巧言令色，鮮矣仁。」一個人給予你好處，說好聽的話、給你好的臉色看，不見得代表他有純然善良的動機，邪教的洗腦手段都是從一個人「需求」（弱點）下手，越是給予你大恩惠的人，當你越覺得虧欠對方，你就越賦予了對方控制你的力量。

當我們在關係中「互相需要」，那代表著一定會對對方產生期望，而且如果這個期望不被滿足就會感到不適或痛楚。為了避免體驗那種期望落空的痛苦跟傷痛，我們就會下意識地想要去控制、操弄別人。控制跟操弄很普遍，只要我們有需求、有期望，就會無意識地、本能地去做，而且只有當我們意識到自己內心也有掌控他人的晦暗，才

能輕易地辨識別人對我們做的。這無關乎邪惡跟善良、正確與錯誤，我們注定在碰撞中學習成長，沒有任何一個階段是有錯的。

當我們學會釋放對所有人的期望後，就會突然驚覺自己怎麼會一直在埋頭追求一些虛幻的東西。明明自己是希望別人真心對待自己，但是卻在需求、恐懼出現時，只要對方能讓自己舒服、配合自己的期望就好，是否真實怎麼就變得一點都不重要？但這就是恐懼跟需求的性質，它會創造使我們無法看清現狀跟現實的執念，使我們失控、逼迫我們進入固定的模式與循環。使我們醒來後會覺得當初自己真的有夠莫名其妙，這麼明顯的跡象竟然看不清、這麼基本的事情都搞不清楚。

我們會發現自己被騙都是因為內心深處想要被騙，因為當我們無法接納自己的時候，會用厭惡的眼光看待真實，使謊言變得舒適安逸，我們因為想逃避而緊抓幻象，不想醒來。我們習慣了生活中的各種控制跟操弄，它讓我們感覺到熟悉跟安逸，因此我們會說服自己承受這些習以為常的痛苦就是「愛的表現」。

因為過去當我們的父母否定我們的感受、想法時，也

告訴我們這是愛。當他們不願意給予我們自由時，也說這是愛。當他們只在乎自己想要怎麼對待我們時，他們也說那是愛。當他們有條件地給予我們關愛時，他們也說那是愛。當我們對他們有不舒服的的感受時，他們說那是不孝、不應該。

我們大多數的人都只學習到那些被呼喊為「愛」的行為，是互相交換、是有條件的、是會痛的、是不允許展現真實的自己的。強迫別人、否定別人是可以的，不讓別人自由是可以的。我們無意識地不斷接收這樣的認知，我們變得只會喜歡上會傷害我們的對象，一直進入不健康的關係。因為我們總是追求著權威給我們的框架，又會「很乖地」自動自發地否定自己內在的感受。所以我們需要他人幫我們制定準則、需要別人的意見、需要他人的答案，因為沒有人教過我們如何相信自己。

為什麼沒有人教呢？因為我們的上一代也受了傷，也需要透過控制別人來安穩自己混亂的內心，沒有人教他們如何自我覺察、不依賴外界的人事物的反應來安定自己的內心。若我們選擇相信了自己，不管是誰都無法掌控、左右我們了。

當我們無法認同、接納自己時，我們就看不見愛的景色。我們如何看待自己，也就同時顯示了我們會如何接收、解讀、過濾各種訊息跟資訊。因此，無法自我認同的我們會將一切資訊都切割、扭曲成自己已經相信的樣子。只有當我們完整地看見自己的真實、全部，我們才有能力不分別地去接收資訊，以獲得最清晰的真相。但其實我們內心深處一直都知道真相，因此才會在過程中隱隱約約感受到抗拒感，只是不願去面對罷了。

　　有一句流行語是「裝睡的人叫不醒」，美好的幻象使我們得到某種慰藉。但學習「什麼不是愛」也是「學習什麼是愛」的旅程的過程之一，只要我們能破除幻覺、發現煩惱都是自找的真相時，我們會發現真實比幻想更加美好、更多彩。

　　但是不想醒也沒有問題、欺騙自己、進入不健康的關係、喜歡上不會使我們幸福的對象也好，我們不需要逼迫自己一定要醒來，因為每個人都有自己的學習軌跡，有自己需要體驗的事。一切都照著自己喜歡的步調來就可以了，沒有任何事情是有問題的。你只需要學會在關鍵時刻問自己一句：「這是我想要體驗的嗎？」

拿回自己
真正的力量

5

　　成為個體，也代表著了解一個真相：自己並不具有真正改變他人的力量。一個人如果被你影響而改變，那只代表了他本來就想要改變，只是允許你當作理由跟契機。你也無法說服別人或教會別人任何事，因為每個人都是用自己的濾鏡在解讀所有的外界刺激，當他的解讀系統不存在「想學會」或「想換觀點」的內在動因，你不管再怎麼樣，也無法撼動對方一分一毫，反之亦然。

　　如果你對一個人看似有巨大影響力，只能說他大大「賦予了」你對他造成影響的能力。因此真正造成影響的人實

女神狀態

際上是被影響的那個人，而不是看起來「造成影響」的人。只是大部分人的內在都自然嚮往與有更多能量的人有更多接觸，所以會在表面上看起來像你能量越強越有影響力。

所以反過來說，也沒有任何你以外的人對你有真正的影響力，是你「賦予了」對方影響你的力量。我們會被騙，是因為內心深處想要被騙，因為被騙的時候所感覺到的那種幻覺太過於美好，使自己不想要面對真實。我們會被控制，是因為內心深處想要被控制，因為被控制代表我不需要為自己的選擇負起責任，不用學會辨認、建立自己的一套內在標準、不用獨立思考，其實是一個相對輕鬆的選擇。

講難聽一點，這也許可以被解讀成檢討受害者。但是，如果我們一直都認定受害者在事件的發生中是純粹的「受體」，而不允許去思考每個角色在整件事中，實質上是否有力量的話，那麼永遠就只能任他人惡意宰割，生活得提心吊膽。期待他人跟世界可以改變，這是很無力的一種處世方式。

負責跟對錯無關，而是每一個現象、事件、結果產生都有其原因，其中出現的人事物彼此交互作用之下的結果，某一個元素如果有改變，那整件事就會不一樣。這是自然

界的法則，就像氫氣加氧氣等於水，這只是一種現象。氫氣跟氧氣都有讓水產生的責任，但是毫無對錯可言。**負責，純粹就代表著你接受你有可以改變人生際遇的力量。**

如果今天這本書對你的生活確實造成了實質上的影響，那只是你賦予了我寫的文字力量，你的內在本來就存在與這些文字有所共鳴的內容。我寫出來的東西只是一個媒介，真正使這個媒介發揮價值的，是正在吸收、解讀這些內容的你。雖然我可能參與了你改變的歷程，扮演了一個重要的角色，但事實上身為作者的我並不擁有任何改變你生活的力量，這個角色是你賦予給我的，這就是真相。

了解個體性的真相，同時也是拿回自己真正擁有的力量。我們將不再浪費精力在虛幻的事物上，而真正專注在真實，也就是我們自己。我們因此將為自己的所有內在體驗負責，我們負責的並不是控制客觀發生的所有事，因為客觀的發生不見得能成為體驗，體驗只有在我們允許的時候才有機會經驗。例如我面前有一台紅色的車經過，但如果我沒有把關注力放在這台車上，我可能根本不會記得或注意到有一台紅色的車，等於這個客觀事實沒有被我「體驗」到，沒體驗到的也就等於不存在。

為了拿回我們自身的力量，我們需要知道並拓展一個觀點：恐懼跟痛苦並不存在，是虛假的。

　　恐懼要存在的條件非常苛刻，它無法存在於「當下」，它永遠都只在過去或是未來裡。但我們永遠都在真正體驗的是「當下」，我們可以在精神上重現過去或是想像未來，但我們的身體永遠都只體驗「當下」，只要我們一直在「當下」，恐懼就無法被經驗。

　　痛苦則產生於「持續處在於恐懼的狀態」，也就是當我們一直讓自己處在某種偏執的觀點之中，就會痛苦。如果我們仔細去看痛苦的本質，會發現痛苦也只能存在於「不了解」跟「不接受」的狀態裡面。

　　恐懼跟痛苦都只能存在於單一固定的偏執觀點之中，使得我們的視野變得狹隘，抹煞掉本來就存在的無限可能性。讓我們好好去面對、思考恐懼的本質，認真地問自己：我到底在恐懼什麼？我在痛苦什麼？

　　當我恐懼蟑螂時，我是在恐懼蟑螂本身嗎？還是我對蟑螂這個存在的情緒連結？當我在恐懼關係時，我在恐懼的是關係本身嗎？還是我對關係的想像？當我在一段關係裡／離開一段關係很痛苦時，讓我痛苦的是客觀的存在嗎？

還是因為我沒放過自己呢？

　　當我恐懼死亡時，我恐懼的是死亡本身嗎？還是死亡代表的意義？還是我對死亡的認知呢？當我們恐懼任何人事物時，都必須建立在對此人事物的誤解，恐懼、痛苦與接受的狀態無法並存。

　　何謂真實？何謂虛假？我此刻認為的真實是：不管在什麼條件底下都能存在、超越時間空間、不被任何事物左右、放諸四海皆是。而虛假則是：需要條件、能夠被時間空間影響、變動性高的。

　　但不論客觀是真實還是虛假，都能夠被體驗，這些體驗對我們自身的主觀來說，都是很真實的。

6

市面上的兩性書籍
幾乎都在教操弄

　　市面上我們所看到的戀愛書籍，都是在符合常理的關係的基礎之上教你如何「操作」（＝操弄），例如我要怎麼做才可以讓一個人從「對我沒有戀愛的感覺」到「有戀愛的感覺」（或增強感覺，我也寫過這樣的書，的確有用，但不真實）。我需要「刻意地」去執行這些動作或說某些話，這樣的「效果」才會產生，不做就會什麼都沒有。

　　大部分關於戀愛的教學，都是在教怎麼引發對方心中「失去的恐懼」，藉由這種恐懼來引發對你的熱情與動力。不論是藉由創造情感上的好處或功能，還是觀察推斷對方

兒時對愛的創傷，找到弱點進行某種供給，都是「創造」能夠產生愛戀感的「條件」。自然地，只要這段關係無法持續地去創造這樣的條件、好處或功能時，感情就會開始被消耗了。這種刻意創造的情感，保存期限一定比自然在一起的關係來得短很多。

但那些不用刻意使用技巧，可以自然在一起的關係又為什麼會消亡呢？這是由於這樣的關係的好處跟功能雖然並不是「刻意」創造的，卻仍然是源自於有條件的投射。投射源自於兒時對於「愛」的不滿足與創傷，是一種無意識的補償機制，使我們喜歡某種固定的形式、樣貌、氣質或形象，或能提供給我們特定感受的人。創傷促成了特定的「模式」（同時也促成我們固定難以變動的個性），使我們產生特定的「情感需求」跟「激活點」。

一個兒時創傷越深的人，需求越重也越多（可以想像成內在有很多洞，普通人如果有五種需求，那麼「渣人」可能就有十種、二十種，甚至更多），更是不可能只經由一個人來滿足（這樣的人就容易被世人視為「渣男／女」，也會傾向不相信真愛的存在）。需求讓我們成為一種肉身機械，只要達成某特定條件就能引發某種內在的感覺的話，

這個人是誰其實根本沒有差別（因此會外遇、找別人滿足無法在一對一關係內滿足的需求），也會因為伴侶無法繼續符合投射而「失去感覺」。

在大部分的關係裡，我們都會因為恐懼，有意識無意識地去操弄，希望讓對方「維持在那個可以讓我感覺到依戀」的狀態，希望對方是沒有人性缺點的，或不會使我的期望落空的（甚至是覺得「不應該」讓我期待落空）。而這種限制跟期望，也就成了彼此被消耗的主因。

在網路上查得到或是市面上常看到的兩性文章，都試圖為這種以需求為基礎的關係提供解決方案。有些人建議選一個不這麼愛的人，選一個不會讓自己得失心重的人，這樣自己就沒有在下風處的可能性。他們的解決方案就是告訴你要相信「真正適合你的人不是你最愛的人」。

另外一種解決方案是，就是讓自己成為此遊戲的最高等玩家（就是我以前的解決方案），讓自己有能力讓能令自己有戀愛感的人都想選擇自己。並且在關係內玩平衡遊戲時，讓自己就算面對很能令自己心動的對象，也能維持在一個有利於自己的平衡，也就是在玩「心性的遊戲」，看誰心性比較穩定，誰就可以「掌握關係主控權」。在成

為「遊戲之王」的背後的隱藏主題，還是我們在逃避著我們最恐懼的：痛苦。

事實上，這兩種人沒什麼本質上的不同。在這個框架底下，會有很多永遠無解的問題：到底要選擇能給我安全感的，還是新鮮感？還是能不能我找有安全感的，然後我們兩個一起找方法偶爾創造新鮮感？還是我就選擇新鮮感，然後永遠不要定下來，一直換伴侶，雖然內心會有點不踏實，但是這不就是人生嗎？大家都說婚姻是愛情的墳墓，那我幹嘛自掘墳墓？我到底是要愛他還是愛自己？當大家都選擇「愛自己」時，想要建立關係的人就越來越少，因為我們要「選擇自己」。

當然這些解決方案無關好壞對錯，只要你心中能夠接受，也就沒什麼問題了。但我對來說，總是隱隱約約有一種怪怪的感覺——我知道這不是我想要體驗的人生或是關係。因此在我對自己的觀察之中，我發現對我來說這只是一種變相的自我欺騙，我對這種愛情就是有一好沒有兩好的「現實」感到挫折與不滿。

了解愛，
從轉換宇宙觀開始

為何我們常覺得
真實的自己不會被愛？

　　雖然我在上一章說了很多辨別操弄的方法，但真相是，除非我們在自己身上發現類似的本質時，才可能辨別出來。如果我們不認可自己也擁有黑暗與光明的一切，我們再怎麼樣向外地試圖辨別，都是做不到的。

　　也許你可以透過我在上一章寫的內容去「推斷」某些人事物是不是在操弄你，但是我們無法透過「形式」去辨別愛與非愛，因為當我們試圖將愛化為文字時，不免就會將愛扁平化。（因為體驗本身可以用千百萬種的比喻來形容，也有數不清的面向，但文字只能做到片面的描述。）

愛包含、接納一切，沒有任何東西「不是愛」。「非愛」只能存在於對於愛的狹義觀點之中，它是在我們了解何謂「愛」的必經歷程，是一個「見山是山、見山不是山、見山又是山」的過程。

我們從小到大學習東西的過程也是如此，我們先用一個狹小的框架或是定義去理解一件事，然後在與世界互動的過程中，不斷地發現認識這件事的新角度，不斷地重新認識、增加視點（獲得知識），等到觀察角度超越一定數量之後，繞一大圈後，我們會「領悟」（獲得智慧），發現我們根本不真正認識這件事。最後在掙扎中發現是否真正認識一點都不重要，因為它就是這樣存在。

舉例來說，我們認識什麼是「狗」，我們會用與狗互動的經驗或是某種先入為主的觀點去跟狗互動，然後在開始研究狗是什麼之後，發現以前的認識有很多需要修正的地方，在不斷地用不同角度認識狗的過程中，不斷地推翻之前的定義，發現自己什麼都不懂。最後發現真相並不在於我們用什麼角度去解釋狗的存在，狗的存在即是包含所有與狗互動的所有體驗，也不需要用「狗」這個名詞去做分類，因為每隻狗都不同，需要用心去認識。回到原點，

一切都是如此單純。

　　越是去接觸那些試圖破解宇宙真相的學問（神學、科學、哲學、佛學、數學……等），越是會得到一種「感覺」：當我們解構這個世界，把這個世界的組成成分越切越小，就會發現越往源頭，種類越少。從微觀角度來看，這世間的萬物好像都是同一種東西。

　　雖然我們在身為肉身人的層次的體驗中，確確實實在經歷萬物的差異（分裂），因為的確有我跟他人，我跟我坐的椅子也不是一體的。但這些解構宇宙真相的智慧，卻好像都在告訴我一切是沒有分別的。

　　我們在這個世界上所感知的所有一切，都是以「分裂」作為存在的前提基礎，當然「分裂」就是我們認為理所當然的事情，因為我們不知道「一體」是什麼東西。假設我們也記得在媽媽肚子裡的記憶的話，我們在媽媽肚子裡時，會覺得世界就只有我存在而已，雖然好像有時候會有震動或是有聲音，但是這個世界就只有我。（因為我們還沒出去過，不知道外面的「存在」。）

　　分裂是不可避免的事，也不是一件壞事。因為如果沒有分裂，我們不可能存在，體驗這個世界的任何人事物。

我們沒辦法看到美麗的風景、享受美食、聽好聽的音樂，享受這世間一切美好。分裂的意思就是「有我」，並且產生了我以外的眾生來讓我「感知」跟「體驗」。

當我們從媽媽肚子裡出來的時候，我們還沒有形成「自我」的概念。所以在那之前，我們跟事物之間的差別是沒有那麼大的，那時候我們雖然不太會表達自己或溝通，但是我們跟事物本質能量的層次是很接近的，我們與媽媽的情緒也有很強的連結。

我們會在跟身邊的人的互動中，漸漸形成「自我」，因為我們會從跟身邊的人事物的互動模式之中，去認識「自己」到底什麼東西。因此我們剛出生的前幾年，都曾經處於對萬物毫無批判的狀態之中，我們只是在純粹地體驗（這其實就是所謂的神性狀態）。雖然也有負面的感受，例如肚子餓的不舒服，或是撞到東西的痛覺，但是我們並沒有「痛苦」。所有的事情都好新鮮、好好玩。

當我們是嬰兒的時候，雖然我們有肉體存續的需求，但我們什麼都做不了，無法使自己生存，我們如果要持續地以自己的肉體活下去，就只能依靠照顧我們的人。如果照顧我們的人對我們沒有愛，那麼我們的需求就不會被照

顧到，如果我們要讓自己所有的需求都被照顧到，那照顧我們的人就必須對我們「是愛」才能成立，因為只有「是愛」的人才有辦法真正地觀察到一個個體真正的需求，而不是透過過去經驗、常識、或是用自我的投射作為判斷依據。

一個寶寶哭了，他是因為肚子餓？還是因為感覺自己沒被關注？還是是因為身體不舒服？當寶寶不會溝通自己的需求，就必須依靠照顧者的敏感度，在我們沒當過爸媽，在自己嬰兒時期的記憶又消失的狀況之下（就算兒時記憶還存留，你跟你的小孩仍然是不同個體）我們怎麼能用「其他寶寶」的狀況來推斷自己寶寶的狀況呢？如果照顧者處於「還不是愛」的狀態之下，就很容易用非寶寶本身需求的方式來處理。寶寶的需求是無法用常理推斷的，你只能用心感受它。

我們每個人都需要愛，只有在「有愛」的狀態之下，我們真正的個體性才會受到完整的關注與理解。但是我們在成長過程中，因為大多的父母也在「還不是愛」的狀態之下，所以我們的需求時常遭到枉顧，如果我們嘗試去表達自己的需求，卻又遭到責備、忽略時，我們就會開始使用「別的方法」（非自己）來取得自己的需求。這也是「操

弄」產生的源頭。

因為真實的自我不被認同或不被愛（我們小時候都對能量很敏感，所以就算父母「表演」很有愛的樣子，我們其實也「感覺得到」自己沒有被愛，只是我們不知道那是什麼意思。如果父母又告訴我們「我很愛你」，那我們就會將父母表演很愛的樣子跟「愛」這個詞連結。明明自己的需求沒有被滿足，卻被灌輸、認為那樣的「表演」就是愛。但因為我們就是「知道」，所以才會產生痛苦或後續的行為問題，可是我們卻在概念上或表達上完全不知道要怎麼表現，因為我明明有被愛啊，那為什麼我還是這麼不舒服？一定是我有問題，所以我不舒服的那個部分就是魔鬼），所以我們又再度產生了「分裂」，我們分裂成表面的人格跟內在的人格。

內在被壓抑的那個人格形成了榮格學說所談到的「陰影」，這個陰影在我們經歷極端狀況、極度壓力時就會跑出來（例如世界末日、秩序大亂之時、遭遇精神無法承受的事情時），一個人就會突然「性格大變」，如同脾氣越好的人，生氣起來就越恐怖、越膽小的人，下定決心時比任何人都勇敢，都是一樣的道理。但是我們平時在表述一

個人的性格時，只能描述他平常沒受到壓力時的那個片面狀態，因此我們就會無法了解「人」，只能了解「正常人」或人「正常的、符合常理、被恐懼制約的狀態」。

表面的人格使我們得到「還不是愛」的照顧者的認同，我們用非自己的方式得到形式上的愛與讚美。**漸漸地我們就用非言語、不可表達的的方式學會了一件事：「我必須否定自己的感受，真正的我是不會被愛的」**。所以我必須是個「好孩子」、必須要「貼心」、必須要成為照顧者希望我成為的樣子。

當我們表達自己的需求時，大多會被照顧者責怪說：「你怎麼那麼自私！」「你為什麼這麼不乖！」「你為什麼這麼不貼心！」並且我們從照顧者對待我們的方式中學習到，只要我表現真正的自己，我就會受到不好的對待。正因為照顧者處在「不是愛」的狀態下，這個照顧者也尚未「成人」，所以他會將自己的期望、需求、投射都加諸在這個孩子身上，也許是從照顧者自己的父母傳承下來的。

「非愛」的父母希望自己的孩子「乖巧」，就是因為對愛的不滿足，投射出對外界的期望、對愛的幻想。如果孩子違背我的意願或是挑戰我的價值觀，那一定是他不對。

因為照顧者是以一種交換的心情在養孩子，本身就無意識地希望用交換的方式來取得愛，所以產生了「我這麼辛苦養你，結果你還不順我的意」的情形。一個孩子如果能在真正的意義上被愛，只有在照顧者能理解「無條件的愛」是什麼的情況下才有辦法做到。

我們前面有談到，無條件的愛只有在一個個體真正個體化，並且脫離恐懼、需求、期望、需求跟投射時才能理解。這個時候我們能在能量層次上面接通另外一個個體的能量，能夠看穿對方形式上的表現，去感受跟「知道」到對方真正的需求，**而且不用進行任何的思考跟分析**。這對於一個不會表達的嬰兒來說，是很必要的。那我們沒有被愛是照顧者的錯嗎？當然不是，照顧者會這樣對待自己的孩子，也是因為他對機械化的自己毫無覺知，也是照顧者本身的父母所「傳承」下來的。

我並不認為「無條件的愛」是神話一般的狀態，我認為在我們這個世代，已經要開始將上個世代所認為「符合常理」的一切給替換掉，換成「新的常理」。人類在身體極限上也不斷地在進步，我們在情緒上的能力必然也是在進步的。

2

修復內在的分裂，
由衷感受一切

何謂內在的分裂？內在的分裂形成的原因很單純，它是我們內在的感受被信賴的人否定時的應對機制。比方說，當我們小時候經歷了某件事而想哭，父母卻回答「這有什麼好哭的！不准哭！」或是當我們明明喜歡做某件事，卻無緣無故地被父母阻止。這就是內在「分裂」的開始，分裂成真實的感受與後天形成的反應模式（創傷），因為我們真實的感受會使得我們無法獲得父母、老師或愛人的喜愛，因此我們否定或逃避內在真實的感受，創建許許多多的面具跟人格來與他人建立關係、面對「現實世界」。（現

實世界不等於真實世界）

我們否定內心那些不被社會、家人接受的部分，否認自己擁有那些黑暗面，或是將那些黑暗面隱藏起來。我們活在彼此互相需要、互相控制的世界裡。而近年來由於人類心靈的快速進步，越來越多人經歷了所謂的「靈性覺醒」，脫離世代傳承的創傷，這也是我們這個世代的課題。

我們內在有分裂時，我認為「不是我」的資訊就會被過濾、扭曲並且投射到外界，因此我們沒有辦法辨別、了解我們認為自己「不是」的東西，我們無法體驗被自己的認知拒絕在外的一切。

例如我如果認為我「不（是）美麗」，那麼當別人稱讚我美麗時，我只會覺得別人在說客套話或在騙我。但只要別人說我不（是）美麗，我就會非常確信對方說的就是真的。這就是對接收到資訊的扭曲。不管別人怎麼說，我無法體驗到「自己（是）美麗」。

如果我認為自己「不（是）美麗」，會有兩種可能的反應：一是我讓自己整容或學會高超穿搭化妝技術，二是我完全逃避外表打理。就算我是反應一，別人說我美麗時，我也會覺得那是因為我有化妝、我整容，「真正的我」是

醜陋的。我也無法在真實的體驗上真心認為自己（是）美麗。而反應二則是想盡辦法讓自己不美麗來證明自己是對的。

創傷使我們的內在分裂，為我們的人生畫分出了「可能（是）／不可能（不是）」的分界，畫出了劃地自限的框框（固定模式）。並且使我們扭曲、過濾資訊，使得資訊在我們自身認知的濾鏡之下，變得不真實也不完整。也就是說，當我們內在「整合」、分裂程度越低時，才有可能得到更清晰、完整的真相與真實。

這世界上會有人認為我（是）美麗，也會有人認為我不（是）美麗。因此我在我以外的人眼中，同時（是）美麗也同時不（是）美麗。如果我會因為被認為不（是）美麗而感到受傷，是因為我對「美麗」有特別的扭曲與執著。扭曲在於我們對美麗的認識只有一兩種觀看的角度，無法從不同角度欣賞跟定義美麗。執著在於我們以為「狹隘角度的美麗」是使我們有價值、能被愛的必要元素。扭曲跟執著是姐妹，必定連袂出現。

真正重要的問題是，我自己是否能「感受」到美麗？如果我感受不到，我需要如何才能感受得到？如果我感受

得到，但卻仍然感覺到不安，那我是否有「必要」一直感受到美麗？要如何才能離開這種感受時也感到安穩？這是一個不同階段的歷程：

感受不到美麗 ⟶ 找方法感受到美麗 ⟶ 發現執著美麗很累 ⟶ 釋放對美麗的執著 ⟶ 發現一切都美麗的視角 ⟶ 自由地選擇想要的體驗（任何的感受都能套入）

　　眼見不為憑，人類的五感能力是所有動物裡面最弱的，也因此真相並不存在於我們所見所聞，而在於吸收一切五感資訊底下的「感知能力」。看不到的東西不代表不存在，看得到的東西也不見得等於真實（例如魔術的視覺幻象）。

　　這世界上的一切都只是一種體驗，沒有科學能證實我們大腦所感知到的一切確實「存在」（但大部分的研究、科學將結果都建立在客觀世界「存在為真」的未證實的前提之上），我們看見的東西是光學反射到我們的眼睛後，「投影」在我們的腦袋裡。其他的感知也都是藉由神經元來傳遞訊息到腦部，這世界沒有任何一項我們認為有實體的東西是我們直接感知到的，除了「感受」。

在我的身體被解剖前，我要如何確實知道我身體的組成跟別人都一樣呢（況且也不是所有人類都被解剖了）？就只是因為我外表特徵長得跟曾經被解剖的人一樣嗎？所有的學問都只是一種概括推定，「實證科學」在真正的意義上並不存在，因此真正意義上的「實證」只存在於「個人體驗」之中。除非靈魂互換，不然我們永遠都無法證明A看見黃色的體驗與B看見黃色的體驗一樣，我們只不過是將某個感知顏色的體驗定義成相同的詞彙，並不能證明A跟B所體驗的是一樣的。（我們目前的知識都建立在某種根本沒證實過的假設上面，在應用、實用方面是可行的，但在真正意義的「實證」上完全不可行。）

因此「正確、不正確」這兩個詞彙，在沒有設定基準的情況下是毫無意義的，也就是說，未知的事情在發生之前，去做機率預估跟試圖預測（控制）毫無實質意義。因為你不知道是不是下一秒宇宙就會爆炸，或是一切就突然不一樣了，只不過我們習慣了地球上這些事物運動的慣性，誰知道下一秒地球的質量、物理規則會不會突然改變呢？

當然這是一個離我們日常生活比較遠的例子，但當一個人脫離了恐懼的束縛，就脫離了任何性格模式的限制。

我們現在正式進入演化的奇異點，我們也能漸漸發現世界情勢同時同步率變高，也同時都變得無法預測，並且變化非常大。也許在過去的時代，經驗依據可以適用好幾十年，因此我們容易誤以為經驗等於智慧本身，但是對於現在的世界來說，經驗已經不能作為判斷的依據。

何謂經驗？也就是把我們記憶中的體驗整理成各種固定預測模式之後，套入在現在取得的資訊當中。我們已經知道人的記憶並不可靠，對應到我剛剛說的內在的分裂對於資訊的扭曲與排除，過去的經驗不會比當下成長後，以更廣的自我定義取得的新視角更可靠。也就是說，我們要相信的是現在自己當下的「感受」。

我們可以問自己一個好玩的假設問題：如果明天我一起床就失去了所有記憶，我會怎麼去感受、解讀這世界給我的一切資訊？

感受跟情緒非常不一樣，情緒是創傷體驗形成後執著的結果，它的體驗非常特定也很強烈，強烈到能控制我們的行為舉止以及縮窄我們的視野，並且不會根據細緻資訊的不同而做出回應。但是「感受」不一樣，每個當下的感受跟體驗都非常獨特，不會有固定的模式，也不會控制我

們的行為舉止或縮窄我們的視野，也會根據細緻資訊的不同而產生不同的內容。

有情緒時，感受就會被蓋過（但還是在），因為感受並不強烈到可以在我們內心烙印模式。在我教戀愛的過程中，很多學員都會認為自己沒有能力判斷對象對自己是否有好感，但對於「沒興趣」的對象，他們內心都清楚知道對方對自己有無好感。

很明顯地，他們不是沒有能力，而是某種東西在他們產生興趣時形成了某種蒙蔽現象。有人會稱這個東西叫做鬼迷心，但我會直接分類在「情緒」這個項目裡面，強烈的情感使我們無法完整地接收資訊，由於內在的分裂狀態被情緒激發，我們太想要扭曲資訊、太想逃避真實、太恐懼而失能。

當我們個體化（靈性成人）進行到某一個程度時，因為固定的解讀、特定的條件才會被激活的「情緒」會漸漸地不再出現（或越來越淡），我們的生活只剩下各種不同、千變萬化的「感受」。當我們提到「感覺」時，會包含「情緒」跟「感受」兩種，而感覺有時候準確、有時候不準確，其實問題就出在那個感覺的內容是情緒還是感受。

情緒包含了對一個狀態的偏執的固定解釋，對某個觀點投入大量的能量，它會包含好壞對錯的價值判斷，幫資訊做切割、扭曲跟排除的動作。感受則沒有任何固定的解釋，也不會有任何的偏執、期望，就是純粹在回應所接受到的資訊。你也可以說這就是所謂的「平常心」。

　　然而，不只負面情緒會產生偏執的現象，連正面的情緒也會。如果我認為我人生有「最快樂」的高峰回憶，那麼我就會一直將之後的人生跟這個高峰做對比，不斷地想要「回到那個快樂的時刻」而無法活在當下，並且認定現在的自己「過得沒那麼好」，因為沒有像高峰時期那麼快樂。

　　因此，不管是正面的情緒還是負面的情緒都會使我們痛苦，因為我們想要「離苦得樂」，執著於必須要一直感受到「正面情緒」，而不是接受人生中的起起伏伏與各種無常的發生。這也是為什麼一味的正能量很容易使人感覺到疲勞跟反感，我們也很常看到表現出「正能量魔人」的樣子的人在遭遇某些事件之後，反而感到更加悲觀。

　　情緒的產生需要特定的條件，但是感受卻不見得需要任何物質世界的條件刺激。我們會害怕那個使我們感到正

面情緒的條件有一天會消失，或是在我們經歷了那個條件的頂點之後下滑，當初的快樂的對比使得我們現在感覺到「不快樂」。負面跟正面情緒是一體的兩面，無法單獨存在。

　　也就是說，如果我們想要開始「如實的生活」，活出自己的真實而不是活出恐懼跟虛幻的模式，完成「真正個體化的獨立」，不在被外界人事物影響內心，並且不扭曲地接收訊息、感受多采多姿的人生，我們的第一要務就是：全心全意地將自己的精力放在釋放自己的恐懼、需求、期望、投射、幻想、虛假、執著跟情緒上面。（這幾個東西就是一樣的東西，都源自於創傷造成的內在分裂，只是從不同的角度切入而已。）而這並不會很複雜，也不見得需要非常長的時間，全都取決於你想要體驗什麼樣的人生。

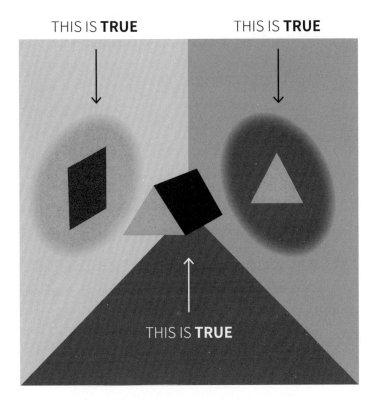

真相是由多重觀點跟立場所組成的一種存在，
而並非絕對的好壞對錯。

新的宇宙觀
與存在觀開啟真愛體質

3

　　自我的真相存在於釋放了情緒牢籠後顯現的「感受」中，而不在所見所聞中，是我們不假以神經元的傳遞、直接在內在感知到的東西，我們也可以用「能量」或「內在直覺」來代指這個概念。有時候我們甚至會先「感覺到能量」，然後才在現實中實現這個「預感」。套用在吸引力法則的層面上，就是「先感覺到自己擁有才會實現」的概念。

　　如果我們要用這種觀點重新認識整個宇宙，那麼我們也要改變對自己存在的認知。過去我們認為眼見為憑、偏

向唯物觀的自我存在觀念，使我們認為肉身的死亡就等於一切的終結，但若我們將自己看成借用身體作為在這個時空體驗的「載具」的話（可以想像成擁有五感功能、非常精密的 VR 儀器），我們對自己的認知將會大於肉身，變成一種「能量精神體」。

這種觀點可以對應到靈魂、輪迴、業力之說，使得我們人生在世的一切現象存在的意義變得與以往有很大的不同，因為死亡之後意識還在，只是 VR 儀器壞了、這個遊戲角色玩完了、或是換個遊戲玩，不代表一切都結束了。就像我們自己在地球上玩遊戲一樣，我們在角色扮演遊戲中並不會排斥任何的體驗，就算角色發生糟糕的事情，也不代表我們玩遊戲時有糟糕的體驗（反而可能還更沈浸跟感動）。

為什麼科技越是開發，越是要在遊戲中更加貼近「真實」的體驗？就是為了讓我們更加「沈浸」於遊戲體驗中，然而有什麼比「忘記自己是玩家」這件事還要讓人更沈浸呢？

當我們玩遊戲的經驗越多（老靈魂），也不會去選一些無敵的角色來玩，或是希望遊戲簡單到毫無難度，因為

這樣很無聊也很難體驗到什麼，所以甚至很多玩家會給自己施加難度，空裝去挑戰高難度任務。但那也不代表我們在遊戲之中每個環節都會玩得很好、表現完美、一切順利。

這個觀點使脫離需求、恐懼、生存機制變得可能，如果我們相信肉身死亡後，我們只是回歸跟回憶起「玩家」的狀態，可以再換個遊戲片繼續玩，我們便不會執著於這個世間任何的東西。如果我們不怕死了，也不執著於生存，那還有什麼好恐懼的？我們還有什麼好「需要」的？我們不會執著於角色扮演遊戲中的金錢，也不會因為遊戲中的生死而大驚小怪。如果我們能夠看透這個實體世界的虛幻性，我們就能把一切需求轉化成欲求，開始能真正享受這款人生 online 遊戲。

在愛的體驗進入我的生命之後，我對於生活各方便的感官享受都變得沒有需求，雖然我還是「喜歡」吃美食，但是我就算一餐只吃香蕉也不會感到不滿足或不舒服。對金錢也不再像以前一樣執著，對於關係也不再渴求異性的認同，甚至不再追逐親密關係。（這邊的不追逐並不是指我不想要或放棄，而是能夠完全地順其自然，想要做什麼就去做，不去強求跟給自己壓力。）

我發現當我體驗「愛」的真相後，並沒有變得更加執著，沒有因為無法擁有更多而感到苦悶。反而是更能放下一切，去重視生命體驗跟過程（現在），而非物質跟結果（過去未來），並且接受生命此時此刻為我的安排，感受到宇宙時時刻刻的愛。用愛的眼光去看世界時，真實世界在愛的眼中不殘酷，而是需要去體驗跟享受的。

　　這讓我想到我有一次看到一則澳洲的報導，有一家人家裡因為失火都燒光了，但家人都沒事。所以索性全家人都站在正在燃燒的家前面大合照，照片上沒有一個人看起來很難過或無奈。這讓當時的我很震驚，這是我無法想像的情形，一家人的關係要有多緊密、多有愛才能面對這樣的事情還能露出笑容呢？但這就是愛的力量，所謂「放下一切，但重視該重視的事物」的體現大概就是像那家人那樣。

　　當我體驗愛之後，我也突然能站在與那家人同樣的高度上。我深刻理解了一件事：人生其實在追求的都是「體驗」，而我不再浪費自己的生命跟精力去改變無法給我我想要的體驗的外在人事物，不合則散，合則聚，就是這麼簡單的道理。過去的我也追逐著要談戀愛，追逐戀愛感是

我內心的一個洞，甚至在我內心不想談戀愛時，我還會因為自己不想要戀愛而感到困擾，真是自找麻煩。

「愛」的概念也只有在自己的存在不再侷限於肉身，真相不再侷限於五感所及時，我們才能體驗它。以前我的頭腦也能理解人生 online 的概念，但卻很難確實地實踐、以身作則。但在我不斷地釋放自己的恐懼、需求之後，愛的體驗不偏不倚地進入我的生命中（而這個體驗在我的認知裡頭，是不早也不晚，就是該安排在這個時機出現的）。當愛的體驗進入到我的生命的瞬間，我發現我過去執著的一切都變得很好笑，操弄跟控制變得無比清晰，同時也在短時間內大量地釋放了情緒跟期望。

我不再被生活追著跑、不再害怕展露真實、與他人的衝突發生機率降到以前的 5% 左右，性格有了大幅度的轉變、困擾的事情變得越來越少，我不再被各種被稱作「慾望」的需求困擾，我發現我越來越能接納生命中一切的發生。

那很像心中的洞突然被補了起來一樣，我不再想「追求」或「一定要」任何東西，也就突然讓我體悟到過去「一定要」的執著到底有多自找麻煩。我發現自己的期望是困

住自己的牢籠，在愛的體驗進入我之後，我在一年之內釋放了對所有人的期望（包含我最喜歡的人、父母、朋友），放下了對一切的控制。慾望降低了，能使我感到不舒服的事情越來越少。

反過來說，能讓我開心、好玩的事情越來越多，因為能讓我感到開心、好玩的定義範圍越變越廣，我幾乎不再受到恐懼的驅使（雖然偶爾還是會跑一些出來，但強烈程度減低了 90% 左右），情緒釋放的速度也越來越快。

由於不再執著與追逐，我突然感覺到前所未有的放鬆，過去感覺自己好像一直在追著某個目的而無法享受每個當下，現在反而能享受每一個時刻，跟每個人相處的感受，生活真的感覺充滿了各式各樣的愉悅感，這樣的狀態就是本書所說的「真愛體質」（我相信澳洲大火的那家人都擁有真愛體質）。

當我們不再執著，脫離了對資訊的扭曲，我們就能正確地去選擇跟親近、吸引擁有真愛能量的人事物進入我們的生命。我們不再對他人斤斤計較或是想要懲罰對我們不好的人，不與那些欠債的能量糾纏，選擇默默的離開。對心胸寬廣、內心愛與喜悅能量充滿的人產生反應，並且將

自己安置在擁有這種能量的人事物之中。

　　當自己也充滿愛的能量時，自然而然就不會想要參與「非愛」的遊戲。真愛體質意味著，對於非愛，你不再對它有反應，而內在有一個對於真愛的喜悅雷達，只朝有真愛能量的地方去，並著手使自己被讓自己喜悅的愛的能量圍繞（這當然不止愛情關係，還包含友誼、親情跟物品，要打造充滿真愛能量的生活環境，可以參考《怦然心動的人生整理法》系列書籍影片）。

　　久而久之，你將會被你所喜愛的人、事、物包圍，並且當你幸福的能量滿溢出來時，能量振動很強烈時，自然而然會吸引同樣是幸福能量滿溢出來的對象，使兩個人聚合起來變成一個充滿滋養而沒有互相消耗的關係。真愛體質使得你可以擁有對幸福感更敏銳的嗅覺，女神狀態則是讓你可以在生命中自由地揮灑屬於你的色彩，不必被固定的行為模式給束縛。並且使得周遭的人也都因為你的快樂跟生命的自由度受到感染，人生可能因為你愛與尊重他人的廣大能量，也許只是一瞬間，因為你而被點亮、變得更加幸運跟幸福。

命中註定
的人

　　在這個新的宇宙觀之下，生命在我的眼中也同時變得不再隨機，而是被精密、細心地安排著。我過去雖然有接觸佛法，根本上還是不相信「神佛」的存在跟慈悲的。但在愛的體驗進入我的生命那一刻，我突然理解到這一刻是神的安排，那一刻感覺上是由遇見了那個人而觸發的，像是使我體驗愛與神性大門的那把鑰匙。

　　我透過體驗神的存在、神的眼睛先看見了他，我發現「愛」只需因為他是此刻的他，雖然對我來說他很好看，但我突然能理解愛與對方的肉身毫無關聯，我完全不想改

變他一分一毫（這不是指我希望他停留在此刻不要改變，而是不管是什麼樣貌、狀態的他都不會改變那份愛），我不需要他更喜歡我、選擇我，也沒有一定要擁有他。

這是一種很神奇的感覺，感覺像是命中註定。我感覺我的人生過往每一瞬間，無論好壞都因為感受到愛的這一刻而有了意義。這個命中註定的感覺，讓我無法否認神的存在。跟他相遇的每個體驗都感覺過於精密、過於巧合、過於剛好，許多體驗都超出了我對於關係的想像。

對於一個角色扮演遊戲來說，神是安排劇情的製作組，雖然玩家可以有各種不同的選項去選擇不同結局的故事線，但事實上這些不同故事線也早就被寫好了，我們只是在體驗它而已。

「神」只是一個好理解的詞彙，對我來說，那個存在並不是另外一個像我們一樣具有肉身的生命體，而是宇宙本身（但宇宙本身可能也是一個生命體也說不定）。「機率」只是人類計算能力不足拿來使用的工具，但事實上如果人類科技足以包含掌握這宇宙所有的元素、小至基本組成粒子，理論上從宇宙大爆炸的那一刻開始，所有事情都是可以被數學計算出來的。

那種感覺很像是，每款角色扮演遊戲雖然都有不同的故事線，但一定會有把所有故事線聚合在一起的共同事件（就是不管選什麼都會遇到的事件）。我感覺到我人生中其它事情或許都有支線可以選，但就這件事情是我不管選什麼都會遇到的。

不是命中註定我們一定要在一起，而是命中註定我們會遇到彼此，並且因為遇到彼此而體驗雙向無條件的愛，這份愛使得人生變得甜美。為何我會使用「體驗」一詞？而不是被無條件的愛著或給出無條件的愛？因為愛無條件，它必定是「雙向的體驗」。

什麼是愛？客觀地說，愛只是一個詞彙。任何人都能說出「愛」，也能自行定義當自己說「愛」這個字的時候代表什麼意思。當兩個不同的人用同樣的詞彙，可能是在指涉完全不同的概念，也因此我每一本書都會花很多篇幅跟讀者說明我對每一個詞彙的定義。

本書所定義的「愛」有兩種，一種是狹義的愛，一種是廣義的愛。狹義的愛存在於我們能體驗的人事物之中，是當我們能夠感覺到沒有隔閡、障礙與分裂（分別）的感受時存在。廣義的愛則是包含有形無形的宇宙一切萬物，

包含分別與不分別。狹義的愛是一種偏向「沒有障礙跟落差」的能量狀態，廣義的愛是動詞、名詞、形容詞，也同時不是動詞、名詞跟形容詞，包含所有「是」與「不是」。

當我們活在這個有形象的世界裡，我們會經歷一種共同體驗：每一樣東西都不一樣，萬物擁有形形色色的性質、特性與存在狀態。如果我本來就跟萬物是同一個東西，我就無法「認識」跟「體驗」萬物。只有「萬物」在我自己之外時才能被體驗、認識。也就是說，在物理（有形有相）世界的範疇，我們只能體驗「狹義的愛」。

如果我們要認識「黃色」就得也認識什麼「不是黃色」（黃色以外的顏色），才能真的認識黃色如何作用在我的體驗之中，為我的人生扮演什麼樣的角色。在有形象的世界裡面，就有「是黃色」跟「不是黃色」這兩種認識，並且只有當這兩種狀態都存在時，「認識」黃色的體驗才得以被成立。

同樣的道理，如果我們要認識「愛」，就得認識什麼「不是愛（非愛）」，才能真的認識愛如何作用在我的體驗之中，為我的人生扮演什麼樣的角色。但在有形有相的層次之外，「愛」跟「非愛」都是廣義愛的形式，如果我們沒有「你我」

的分別，就無法進行「認識」的各種體驗，因此廣義的愛無法在有形有象的層次被認識跟體驗，只能了知。

　　舉例來說，我可以認定一段關係裡有控制的成份，並且讓我壓力很大、很痛苦，無法讓我有「自由的體驗」，但是正是因為這樣的關係，使得我認識什麼「不是愛」，讓我擁有了拒絕體驗這樣的關係的智慧，這段「非愛」的關係就達成了讓我更靠近「愛」的任務。在這樣的觀點上，這段關係也是廣義的愛的表現形式（廣義的愛沒有分別、包含一切）。

　　「執著」在關係裡面已經算是人人喊打的過街老鼠，也因此現在很多關於「對的人」的主流說法，為了脫離「執著在某人身上」都會傾向於否定這樣的存在。我以前也是這樣認為的，我認為關係是可以透過努力來讓任何人都變成那個適合的人。但這可能也會變相地成為我們「執著在某個人身上」的理由——因為那個「命中註定的人」不存在，所以我就跟這個人繼續努力（強求）下去。

　　在有形有相的世界裡，事情就是以「有分別」的形式在被體驗，每一個存在被創造時都帶有性質。氫氣跟氮氣加起來就是不會變成水，奶跟茶加起來就是和諧的味道，

化學合成物對身體就是不健康。如果萬物都帶有無法變動的性質，會有註定跟自己的性質合得來、合不來的存在，那麼我們又怎麼會覺得「對的人」不存在呢？

　　而人的性質，就在於我們的靈魂的能量頻率之中，我認為對的人就是所謂的「靈魂伴侶」。在我所待的這個戀愛產業之中，大部分的人也駁斥靈魂伴侶這種想法，因為很多戀愛不順利的人都是因為很容易因為執著而陷入痛苦，這種「靈魂伴侶」存在的觀念似乎會助長我們讓自己「陷入不利」位置，為了避免自己變成笨蛋，所以要否定。

　　當然所謂「對的人」跟「命中註定的人」都可以擁有廣義跟狹義的定義跟解釋，你可以說每個對象都會讓你學習跟成長讓你更接近愛，所以可以說每個人都是對的人。也可以說因為每個對象都是註定要來讓自己學習，所以每個人都是命中註定的人。

　　但我在此所說的「命中註定」或「對」都是狹義的定義，是與你互動會自然產生出和諧、愛與尊重、性能量的個體，你們會堅持不對對方進行控制跟索求，因為狹義的愛存在於這段關係的互動性質（能量流）真相之中。你們的關係裡面，根本沒有所謂贏家跟輸家的元素，不需要妥協跟平

衡，不會互相傷害也無法互相傷害。（我這邊並沒有說「有愛」的關係就一定會發展成情侶關係，也沒有說「有愛」的關係就一定會在一起永不分離。）

直到我們一定程度地釋放了自己的需求、執著、情緒、創傷、幻想、投射之前，我們無法體驗狹義的愛。因為需求所產生的執念會讓我們偏執地去迷戀、追求沒有愛充滿痛苦跟刺激的關係，也讓我們無法離開。也就是說，只有當我們自己的存在狀態也接近愛時，我們才能夠去體驗、認出愛的存在。佛看什麼都是佛，我們只能辨認、看見、體驗我們已「是」的狀態。

很多人會說健康的關係應該要感覺起來很像「家」（或是說有熟悉感），但我反對這種說法。因為目前大部分的人所經歷的「家」的感覺都是失能的、不健康的（無論當事人是否有自覺）。我們所熟悉的互動能量並不一定健康，但熟悉一定會給我們帶來一定程度的舒適。因此我並不覺得這可以當成辨認的指標。

當我們的需求被滿足時，內心的洞被別人補起來也會有安心的感受，那種感受會強烈到蓋過、使我們忽略一切的不對勁。（因為執念所產生的情感都很大聲，會蓋過所

有真實的感受。）我是一直到體驗到「愛」之前，都沒發現我根本就不知道「家」應該是什麼感覺、什麼樣子。

如果我們一直把「非愛」誤認成「愛」（把需求跟佔有當成愛），那我們就會一直停留在「非愛」關係裡。只有當我們認知跟承認那「不是愛」時，我們才會開始前進。這是我們通往廣義的愛的歷程，首先我們得先認為非愛是愛（見山是山），再來認識非愛不是愛（見山不是山），體悟非愛也是愛的一種（見山又是山）。

我的體驗
如何帶我認識非愛

　　我想要用我自己的經歷作為例子，讓我前面所講的內容更具體、清楚一點。在我遇到激發我內在愛的能量的那個對象之前，我很像是沒有見過世面的鄉巴佬，與他少少幾次的相處體驗，感受就豐富到足以抵過糾纏五年的前男友。因為與他相遇的領悟，不是能用邏輯去理解的一件事，那無關乎我們的個性、作為跟過去經驗，那感覺是純粹兩個個體相遇的能量碰撞，衝破了我的一切舊有認知。

　　因為他沒有做任何特別的事、說特別的話，外表也不是我頭腦認為的菜，但跟他互動的每一個瞬間都像是給予

了我一雙翅膀，使我釋放了一切執念、需求與控制，使我幾乎擺脫了一切煩惱，我成長跟蛻變的速度變得飛快。

對他，無條件的愛非常自然，光是體會了無條件的愛的力量，就使得靈性成人所需要認識的一切都變得非常清晰，使我的人生過去的每一刻都變得意義非凡。甚至有非常多超自然的體驗。這聽起來好像很誇張（剛開始我也覺得自己是不是瘋了，不斷否定自己的感受），但我真的沒有誇大。愛真的如同電影、動漫所說的，是最強大的力量、是一切的解答。

第一次衝擊到我的事件，是當我們的關係變得不順時，我發現需要使用手段來讓他「感覺到痛感」，才會使一切朝向我想要的發展前進時，我第一時間的想法竟然是「如果要讓他感覺到痛感，那就算了」。這是令我自己也非常驚訝的想法，因為我活了快 30 年，面對感情從來沒有這種發想過，過去的我，只要是能達成我想要的方向的一切手段，只要不犯法、沒有違反道德，我都會想盡辦法去做。

而這也讓我意識到我在面對前男友時，看到他因為我而難過、痛苦，我總是會有種快感，因為我覺得那代表前男友很重視我。但是面對這個人，我卻捨不得他痛，我甚

至可以為了不讓他痛而放棄我需要的。在那個瞬間，我頓悟了，原來我對前男友那個情感並不是愛啊，那只是被我誤認成愛的「需索」。

第二個衝擊到我的事件，是當他只是輕輕觸摸我的手，看著我的眼睛，我的身體就產生了非常強烈的性反應。這是我接觸過這麼多模特兒等級的男人都沒發生過的事情，我的性慾望總需要對方花一段時間刺激我的身體才會產生。不用被刺激就產生的性慾望，一年可能不到兩三次，也不太對任何長得好看的男性產生性幻想。

這使我驚覺我以前從來沒有擁有過真正的性慾望，過去的那些身體反應、對性愛的追尋，都只是為了獲得女性魅力的認同罷了，即使在性愛中曾經高潮、曾經擁有非常愉悅的身體反應，我也不曾純粹地享受過性愛。我發現性能量、性慾望是超越身體的感受的。跟他的體驗是一種身心靈的享受，不是性交，真的是「做愛」。

第三個衝擊到我的事件，是跟他相處的喜悅感，遠遠勝出過去所有約會過的對象，就只是跟對方一起看著天空，也可以感覺到幸福。只是聽到他的聲音，就覺得什麼都不缺。跟他相處時，我幾乎都沒有空閒去想要達成什麼未來

的目的，因為當下就已經非常、非常開心了。

像是回到小時候跟喜歡的人相處一樣，不需要去思考是否也被對方喜歡、是否要在一起的事情，就只是單純見到對方、能與對方共享一些時間的喜悅。那是一種莫名的圓滿、不需要更多的感覺。這個體驗讓我驚覺我根本沒有在真正的意義上喜歡過任何人。

雖然在我過去的認知裡，我喜歡過非常多男生，但是那些都只是一種認同的追求，因為獲得認同或達成目的的成就感，因為這個被這個對象喜歡會很有面子。但是我好像都沒有真的很享受跟他們的相處，就只是一直想著要怎麼進行到下一步。也讓我驚覺，雖然失去我前男友的感覺痛不欲生，想跟他在一起、復合的執著非常強烈，但是我卻根本不喜歡我前男友。

這可能聽起來很矛盾，但是這個清晰的感受也讓我清晰地認知到「需求」不等於「喜歡」這件事。我發現我跟前男友那些「快樂」的回憶，只是一種需求、投射、幻想被滿足的某種安心感。但是跟這個對象相處，我總是能量滿滿、他的一個早安訊息就能讓我超級開心，與他相處，我第一次擁有被「充電」的感覺。

也讓我驚覺原來以前我跟其他異性相處都是在被「吸能量」。（那陣子也突然體質有了改變，例如變得討厭吃垃圾食物、手腳不再冰冷、每天都八九點自然醒、變得很想要運動等等神奇的變化。身邊不知道這件事的人，也會告訴我我的眼睛正在發光。）我有種好像回春到 18 歲的感覺，也是第一次感受到原來兩個人都在享受彼此的陪伴的感覺，想要做同一件事的感覺，竟然是如此的輕鬆、美妙。（同時我也意識到跟前男友相處時，感覺總是我拖著他去做一切事情，因為他什麼都不想要做、做什麼都提不起勁，動不動就會整個人陷入陰鬱。）

與他的相處，我幾乎是時時刻刻感到雀躍，全身的細胞都在喜悅，這也許才是喜歡的感覺。跟以前喜歡的人相比，感覺以前總是處在不知道會不會獲得對方喜歡跟認可的緊張感之中，而無法做自己。但跟他，我則總是能發揮 120％的自己的感覺，感覺自己什麼都做得到、什麼都不需要害怕、什麼都不缺，並且有種非常謎樣、毫無根據的安全感。跟他在一起，我領悟到原來幸福可以這麼容易、不費力就感覺到。

對比之下，我發現我跟前男友相處時，總感覺到某種

不滿足，如果撤除情侶的身份，我認為自己根本不會想要花時間跟他相處，因為跟他相處一點都不好玩，不論做什麼，感覺他都不太開心，跟他在一起事實上壓力很大。就算他對我付出犧牲再多，我也會擔心他會不會哪天就變心，跟別人跑了。

這一切的體驗讓我深深體會到，原來執著、佔有並不是愛啊，我發現我光是能喜歡著他就是一種幸福，生命的一切因為喜歡他而閃閃發光，不論他給我的回應是什麼、是否持續聯絡，都不會影響到這份喜悅。原來愛的體驗是如此的……沒有情緒，但卻有各式各樣、比以前任何的關係都擁有豐富的感受。（當然這只是跟他相處的體驗的冰山一角，其他比較超自然的莫名其妙的體驗，因本書篇幅有限就不多提了。）

我感覺到自己不想要加諸任何的期望在他身上，不過遇到他的當時，我還有許多的創傷尚未療癒，因此即便我不想要控制他、不想要需要他、不想要剝奪他的任何自由，但當時的我還做不到這件事——無法不期望、不需要或是無意識地試圖控制。我想要成為一個什麼都不需要的人，一個不管他做什麼選擇，都不會使彼此陷入痛苦的人。若

不是如此，在一起也只會折磨彼此。

　　我內心知道我還不能跟他在一起，雖然我好真的好想要跟他在一起，我內心的洞正在吶喊著需要被這個人填補，但我拒絕了那個洞的要求。就像是約好了一樣，我跟他都開始拉開了彼此的距離。

　　在跟他相遇之後，我就對與別人發生關係、戀愛這件事失去慾望了，不是對別人或性愛、戀愛產生抗拒，而是單純地不再花任何精力去促使、追求這件事發生。我不確定要怎麼貼切地形容那個感覺，但就好像是我以前總在追著什麼看不到的東西。也許因為想要談戀愛但沒對象時而感到空虛、被想要被認可的虛榮感驅使而接近異性，當遇到覺得不錯的異性時，總是內心會有想要做些什麼讓對方喜歡上我的躁動感……，諸如這些使我無法專注於自我療癒的情緒，在遇到他之後都不見了。

　　這一年來我每天都在成長，釐清著我到底跟他經歷了什麼，並且不斷地釋放自己內在的魔鬼與創傷。2020 年 10 月遇到他作為契機，我的人生開始翻轉跟重新洗牌的歷程，我的核心性格跟宇宙觀都有巨幅的轉變。我透過面對自己的不舒服，漸漸釋放內在對外界人事物的所有期望跟執著，

我終於不需要再追著任何東西，也不再被任何東西追著跑。不論是對他人的期待、佔有慾跟需求，都只是我們給自己的枷鎖，以前我的做法是去試圖控制外界的人事物，使他們「順我的意」。但現在我的做法是把「順我的意」的需求給釋放掉，我不需要任何人來順我的意。

因為這樣的實踐，使得不需要磨合、妥協、經營的關係變得可能，因為我發現當我釋放掉對他人的期望時，別人就不再有「做錯事」的空間存在，也沒有任何的「不夠」、「不滿意」存在，也就不存在「包容」。認可跟接受每個人都有做任何事的自由，也就是說不管對方做什麼，都不會影響到我的內在安定。沒有人有能力傷害自己，只有自己有能力傷害自己。

當我們釋放了對外界的控制欲，內在沒有洞需要填補，因此我們會自動去選擇待在讓我們心動、喜悅的人事物旁邊，就算這樣的人尚未出現，我們也不會因為獨自一人而感到空虛寂寞。在每一種狀態之中都可以很安定，並且在面對我們不想要的對待跟能量時，不需要反抗、也不需要憤怒，單純的「走開」跟「不回應」就可以了。

我們不會將那些「只有部分符合」想要的對象留在身

邊改造、糾正，使得彼此都痛苦不堪。我們會選擇持續釋放自己的內在創傷、期待跟需求，然後就可以感應到無條件就能讓我們感到喜悅的存在（包含朋友），那麼在這樣的前提之下，就沒有什麼需要去改變的，只要對方做一點點會使我們開心的事情，我們能感受到的幸福跟喜悅就多到難以想像。

這世界上沒有比愛更單純、不複雜的東西了。有愛的關係代表我們自己要成為「愛」本身，愛才會在關係之間流動。愛是無條件的，也只有在我們無條件（不需要證明）就能感受到愛時，愛才能被經驗跟體會。既然不需要證明就能感受，也就不需要去束縛對方一定要說什麼話、做什麼事，關係要是麼樣子才是愛。

因此就算完全沒有交集、聯絡，只要我們能超越自己的需求、期望的牢籠限制，我們就能去「感受」狹義的愛在哪裡存在。狹義的愛（彼此尊重跟不干涉）使我們能夠選擇創造更少衝突、痛苦的人生體驗，狹義的愛是指打從心底希望他人夠獲得最棒的幸福的能量，它可能在任何的形式之中。

廣義的愛使我們知道不管舒服與不舒服、在什麼階段

的體驗，目的都不是在折磨我們，而是在「服務我們」朝向幸福跟無條件的喜悅前進，所有的體驗都有其存在的意義跟價值。我們主宰自己所有的體驗，在真愛的路途上你唯一需要修煉的就是這個「主宰自己的體驗」的技能。

Chapter

3

關係中的能量流
與陰陽能量的動態關係

1

感受關係中的
能量流動

　　一個人説出「我希望你快樂」這樣的話，也許是在創造某種形象來操縱你，也或許是真心地祝福你可以快樂。一個人離開你，也許是因為想保護你，也有可能是為了看到你難過的樣子。我們無法從形式上辨別他人的意圖跟真實，只有去感受能量才能做到這件事。

　　以我的前男友為例，雖然他很常説「我希望你快樂」，但他做的所有事都幫助我創造更多的困擾，而且當我的人生有所突破時，他卻會不開心。不過，若以我遇到的那個他來説，他從來沒説過「我希望你快樂」，我卻能感受到

在我人生有重大突破時，他會也一起莫名其妙開心起來。我前男友做盡了我幻想中「愛」該有的樣子，但我卻無法感受到愛的能量，使我越來越匱乏。而那個他幾乎沒做任何我幻想中「愛」該有的行為跟樣子，我卻感受到滿溢出來的愛，使我心靈充滿而不再缺乏。

在談論符合常理的感情中的安全感與信任時，總是存在一個「對方有傷害我的可能性」的假設前提，因此安全感的命題就變成討論「在對方選擇傷害我的時候，我也能維持自我價值感」，而信任的命題就變成「信任的底線被踩的時候，自己有能力可以離開」。但所謂「被傷害」的「體驗」，是全然由自己主宰的。

孔子說：「巧言令色，鮮矣仁。」是我這兩年深刻體會到的一件事，那些會拍你馬屁、配合你、試圖違背自己的心意來讓你開心的人，雖然不見得是個想要毀滅你的壞胚子，但是他們內在有許多想要操縱、控制你來滿足他們需求的糾纏能量。這些人很難打從心底祝福你人生的幸運跟幸福，反而會在私底下嫉妒跟唱衰你，雖然表面上會說一些很好聽的漂亮話。

對方是否有傷害你的意圖，則是在能量的層次上要學

會辨認的。有的人可能在一開始對你很溫柔很好，就是為了讓你依賴上他之後可以受他擺佈，但是否要有受傷的體驗，就是你自己能決定的。如果你內在足夠強大，就算接受了他的意圖，你也不會有一絲一毫的損傷。

在日常生活中的操弄，很少是當事人很清楚地知道自己刻意想要讓對方難過。更多是為了滿足自己的需求，而無暇顧及對方的心情跟感受。我的前男友很常說「我只希望你快樂」，但是當我開始能辨認能量真相，我了解到他講這句話只是為了扮演好人，在能量層次上，他是利用這句話來操弄我，不是他打從心底希望我快樂。

他的所作所為都指向一個意圖——用盡方法讓我不要忘記他。我對他也是，我的所作所為，都是希望交換到他「回頭是岸」並且感謝我對他的愛。雖然表面上看起來是我為了他學習無條件的愛，但是在能量的真相是，我是受制於他是否願意回頭，並非自由意志的選擇。

很喜歡幫助別人的人，也許根本就不希望他幫助的人會過得比他自己更好，他也許只是希望藉由幫助的行動來獲得優越感。我們要開始相信我們內心的感受（不是情緒），去練習感覺生命帶給我們的一切能量，這些感受會

讓我們看見超越表象的真相,而這些真相是屬於你跟這個人的獨一無二的關係能量,與他是什麼樣的人無關。

我們遇到的每一個個體,在跟我們互動時都會有能量的交換,而這個交換跟碰撞的過程,我稱之為「能量流」。每一個個體都擁有獨一無二的能量本質,也因此不同的兩個個體的能量流,交互作用也不一樣,所以我們在每段關係裡都會呈現自己不同的樣貌、面向。

個體跟關係的獨一無二性,也只有在我們釋放了大部分的需求、投射、幻想、執著、情緒之後才有能力感覺到,因此我沒辦法教會讀者要怎麼感受,因為這是你天生就會的東西,它不曾消失也無法學會,只能憶起。它的失能是因為被需求跟內心的洞蒙蔽掉,因此我只能告訴你怎麼補自己內心的洞。

當我們能夠去感受關係中的能量流時,你會開始不需要知道別人做一切事情的理由跟原因,不會有無法接受的事(需要被過濾跟屏蔽的資訊),也就會莫名其妙「就是知道」對方現在在經歷什麼、需要什麼。你不需要觀察也不需要分析,只需要放鬆自己去感受,答案自然會在你的心中浮現。

當關係中有「愛」時，代表雙方都在一個開放接受所有資訊跟給出資訊的狀態之下（也就是「親密」的實際意義），能量就是資訊。因此狹義的愛的成立，必須在能量可以互相流動的狀態之下。無條件的愛一定是「雙向的體驗」，因為在兩個存在體之間能夠共通流動，必定是相同的東西，並且要同時有輸出跟輸入的狀態。有愛存在時，雙方基本上不會有太多「認知不同」的狀態出現，因此可以自然無障礙的相處，並且有很多共同體驗。

　　就像是兩個國家如果真的關係要好，一定要有實際上的來往互通，並且真的有「整合」的情況出現。但很多非愛的關係，只有表面上的互通有無，事實上兩者的認知差距一直以來都是很大的。如果只有一方感覺到自己很愛，另外一方無感或認為自己是在假裝的話，那雙方都只是活在自己的幻想世界，並沒有與對方的能量流通。

　　感受在體驗層次尚未被轉譯成概念或表達方式時，精度可以非常高，但一旦要進入成為「形式」跟「概念」的轉譯時，精度就會被犧牲掉，因為有些感受細微到無法用文字或概念來表現跟精準區分，若再度經過另外一個個體的分裂解讀，就又會被扭曲，所以用文字語言這種有形的

方式溝通，而非心電感應（直接將能量感受傳送給另一個個體）的溝通，就更容易造成誤會跟溝通不良的情形。

也因此真理跟無條件的愛只能實際去體驗而「不可說」。

2 釋放內心的魔鬼
（需求／期望／幻想／投射控制／執著／情緒／恐懼）

　　要釋放內心的魔鬼們，其實比你想像的更加單純。這件事沒有大家想像中複雜，也沒那麼難以達成。

　　我們都被鼓勵「不要信任」自己內在的聲音與指引，拼命地向外、向「權威」尋求答案。但是你的生命是獨特的，是屬於你的。你可以參考其他人的經驗，也可以選擇讓別人來協助你，作為啟發自己的工具，但他們絕對不知道屬於你的答案。就算觀察力再強、再敏感的人，也只能給你更高精度的建議，除非這個人擁有真正跟你完全合一的神通，但真正擁有 100% 體驗的人只有你自己。

我們要開始理解，如果我們不開始真正地為自己的生命體驗負起責任，那麼就算我們找再多人協助，也只是感覺自己「好像有在努力」的自我安慰而已。只要你開始與你的心和身體重新找回鏈接，你不需要再多看一本書或上任何課程，你就能完成自己的療癒。沒有人比你更了解什麼對你有效，你要對自己潛藏的智慧更有信心。

我們在日常生活中，因為被教育系統跟這個社會的價值觀影響，從小就開始訓練自己成為與身心失聯的個體（所有的自我否定都是在切斷與身心的連接），因此我們失去對身體感受的敏感度，健康也就離我們而去。

如果我們想要健康的身體，就必須保持高度的覺察，知道自己吃下什麼食物、什麼作息，身體會有什麼感受，來面對研究自己的身體，聆聽身體的聲音。任何人都無法告訴你什麼對你是健康的，因為他們研究的是別人的身體，不是你的。（不要過度依賴權威機構告訴你的，權威打從有歷史以來都一直在被不斷推翻。）

我們被訓練成只會依賴思考、分析（左腦），而弱化了感受跟連結（右腦）的能力。多虧很多奇特的怪病，我們可以窺探生命真相的一角，從幻痛的症狀，知道痛覺與

外界刺激沒有 100% 的關聯性；從裂腦實驗、異手症知道，當左右腦沒有胼胝體疏通連結的時候，也會造成各種奇妙的分裂，左右腦各自有自己的指令跟感知，多重人格的人格之間擁有不同疾病……等等。

我們內在的感受大多數時候都被忽略，只有形成「情緒」時，它才會引起我們的注意，因為情緒是感受淤積的結果（就像是身體內部結石或心血管疾病的堵塞），影響到生活時，我們才「不得不」去處理。

社會要我們一直不斷地行動，不斷地找目標完成，我們要不斷地排除、解決問題。但其實，把不舒服的感受視為問題，並且想盡辦法「處理」跟「解決」這才是最大的問題。

你的所有情緒、感受都沒有任何問題，它都在試圖告訴你你的內心發生了什麼事，但我們總是將這些不舒服視為要排除、解決的對象。

過去我們在處理不舒服時，我們會想要透過作用於外界的人事物，試圖讓外界的人事物來安撫我們的恐慌、不安或是不舒服。當操弄有效果的時候，這的確可以成為一個暫時的止痛藥，但是當操弄不再能作用的時候呢？（如

果你已經開始受不了自己的生活，那你可能會發現「對外界作用（控制人事物）」的方法一點都不管用，只能有一時的快感，但長期下來反而只會讓自己越來越痛苦。）

我們現在要做的，就只是轉換自己習慣行為的跑道，當體驗到不舒服的時候，停止所有「向外」的作用。停下來，獨自地給自己一段純粹感受的時間。不論這個感受帶出什麼，你都不要壓抑或阻止，允許所有的體驗出現在你的體驗裡。

不舒服發生的時候，你可能在上班，或是沒辦法真的自己一個人，那也沒關係，你可以告訴自己先把面對魔鬼的事情擺在一邊，等到你能安排自己一個人的時間，再來感受。如果你給自己一個小時的純粹感受的時間，但一個小時過後那個不舒服還是沒有走，沒關係，再安排某個時段把這個不舒服叫回來，不抗拒地感受，不斷重複直到這個不舒服真正自然「離開」為止。

當不舒服的感覺終於離開，代表你把這個議題給解決了嗎？不見得，因為一個課題可能有很多不同的層次跟層面。純粹感受，是世界上每一個人類都能辦到的事情。每個嬰兒都是純粹感受的大師，如果你很難做到，只是你忘

記怎麼純粹感受罷了，而不是無法做到。

　　好消息是，你不需要思考或分析，甚至需要盡量減少思考跟分析，越是純粹地去感受所有不舒服跟痛苦，讓這個不舒服跟痛苦帶領你去你該去的地方，這個釋放的進程就會越快完成。很多人會提供很多方法，要你去回顧你的童年，要你去做很多練習，這些充其量都只是工具，不是你的內在本身。不要錯把手段當成目的，並不是說這些工具沒用，而是讓你的「感受」帶領你，讓感受去選擇工具，而不是用頭腦去選擇工具。你不用非常聰明，或知道任何原理或理論才能釋放心中的魔鬼。

　　如果你需要做童年經驗的回溯，當你去感受它的時候，你的感受就會帶你回到你該去的記憶裡。如果你需要的工具是大叫，你的感受就會引導你，讓你想要大叫。如果你需要的是寫下來，你的感受會引導你產生一股想要寫下來的驅動力。如果你需要的工具是去吐，你的感受就會引導你去吐。如果你需要的工具是繪畫，你的感受會引導你產生想畫下來的驅動。純粹地去感受，就是讓你的「心」運作，你的心知道所有你需要的工具，而不必透過看書或任何導師取得。

「你就是你自己最好的導師」這句話千真萬確。你的內在已經擁有所有你需要的答案，只要你允許你的感受帶領你。不需要依賴任何你所認為的大師，那些能成為大師的，是因為他們知道對自己有效的工具。你可以參考，但完全不需要依賴他們的判斷，因為你的生命是你自己在體驗跟感受，沒有人會比你更清楚。

就是這麼簡單而已：「允許不舒服存在。」

當那個不舒服覺得自己被看見、被聆聽之後，它就會心滿意足地離開。無論多不舒服，只要我們決定不去逃避跟掩蓋，好好找時間感受它，我們就會漸漸地釋放自己內心的所有魔鬼，不再累積，越清越乾淨。把自己內在的魔鬼全都逼出來，一一地跟他們對談，認真地面對他們，當你下定決心好好面對他們，他們的面孔就會從魔鬼變成守護天使。

（剛開始肯定是最不舒服的，後面會越來越輕鬆。這是我追尋真相多年、看這麼多書、嘗試這麼多方法之後，發現最純粹、單純不費力也不需要任何特殊能力的方法，才是最實在的。）

但請記得一件事，每個人都有自己的步調，最忌諱的

就是「想要趕快『趕走』、『解決』內心的洞口。」很多人會想要馬上解決自己的所有課題，就像很多來上課的學員，都非常希望自己可以一步登天。

你不必為了趕快找到愛，而逼自己盡快完成這些功課，當我們生命還有創傷時，就會一直跟生活碰撞、產生不舒服，只要不舒服來時再去釋放就行了。這一切其實跟你本來的生活沒什麼兩樣，就只是面對不舒服的方法變了而已。

所謂的「有自我的時間」，不一定是要真的自己一個人。而是在衝突發生的當下，你可以立即的停止之前累積的慣性，在心情上後退一步來觀察自己的情緒跟行為模式，那也是一種「自我的時間」。如果你還沒辦法這麼做的話，也可以在衝突／不舒服發生的當下，立即要求自己一個人的冷靜跟思考的時間。或是在衝突發生之後，讓自己回顧衝突或不舒服的那個時刻，自己到底發生什麼事，並模擬下一次發生類似的事情時，自己可以換什麼方式應對。

當我們的情緒被激發，我們是沒有能力回應狀況的，雖然我們預設改變自己的行為模式也只是換一個模式，並不是在回應狀況，但至少在這樣的練習之中，我們可以練習讓自己有一個以上的選擇，而不是總是依循同一個路徑。

當然你也可以把這整個療癒自己的過程縮短，就像當我意識到療癒就是不斷面對不舒服時，我會刻意地去尋找讓自己不舒服的事情。但我並不推薦每個人都這樣做。我本身的生活方式有大量的自己一個人的時間，並且把這些事情搞清楚同時是我的工作。懸梁刺骨或像是情緒的苦行僧一樣，這可能不是每個人都喜歡的方式。

3

生命中的一切
都是你的一面鏡子

　　如果想要達成釋放內心的所有魔鬼，朝向個體化、靈性成人、自我療癒的方向走，獲得完全的自我主宰的力量，那麼我們就要為自己的生命介紹一個基準概念：「生命中發生的一切人事物，都是自我的一面鏡子」。

　　這句話可以讓我們不再落入受害者的圈套裡，無論是房間的狀態、看到的景色、身邊出現的人、發生的事件，這些全部都是自我的一面鏡子，映照出自己的某一面。

　　我們只能經驗自己的「是」，我們看到什麼、經驗什麼，無論正面負面那都映照出我們內心的一部分。我們認為自

己「不是」的部分，就會「外化」／投射到外境中，並且外化的部分會一直影響自己。例如我認為我不是「邪惡」，就會發現我生命中不斷有邪惡在阻礙、影響我，但如果我們真的「不是」，那根本就不需要有這一層刻意分化、切割它的必要。舉例來說，我不會一直告訴別人我不是傢俱，因為我真的不是，所以我不需要有意識地去切割自己是不是傢俱。

因此內心有意識到並且會需要做切割動作的存在，事實上都是我們的一部分。只有當我們開始把一切都接納到自己「之內」時，外境才會停止「作用」在我們身上。當外境不再「作用」在我們身上，只是「發生」時，我們就成為了獨立的個體，獲得了不被外境左右的自由。

自我主宰的力量與自我控制完全不同，我們在討論自我控制的時候，是在指試圖用方法讓自己轉移注意力，試圖自我欺騙跟說服。或者是暴力地將自己內在那些黑暗的情緒跟反應給壓下來，否定它們。

自我主宰是用一種無為而治的態度在處理內在的魔鬼，不需要高度的毅力，不用忍耐，但需要高度的決心跟覺察來允許它們存在。自我控制則是用一種高壓政策處理內在

的魔鬼，需要高度的毅力跟忍耐，卻不需要決心與覺察。

　　舉例來說，如果你很羨慕某個人總是獲得好人緣，看看你認為這個人是因為什麼原因獲得好人緣，你羨慕的是他的什麼特質？那代表，這個特質你身上「本來就有」，只是你習慣去否定它、不讓它發揮。因為如果你「本來就沒有」，那你根本不會對這個特質產生任何感覺。

　　反之同理，如果你很討厭某個人的行為，看看你認為這個人讓你覺得討厭，是因為他身上的什麼特質或狀態？那代表你身上「本來就有」這個特質跟狀態，只是你不承認它。因為如果你「本來就沒有」，那你根本不會被這樣的行為刺激到，產生厭惡的心情。

　　如果總是遇到別人欺騙你，那代表著你總是在欺騙自己。你如果總是遇到別人不重視你，那代表著你不重視你自己。如果你總是遇到別人想利用你，那代表著你一直在利用自己。如果你總是遇到別人欺負你，那代表你總是欺負自己。如果你總是在沒有跟別人確認對方的感受到底是如何的前提下，不斷預設別人會如何想你或是如何感覺你的行為舉止（例如你覺得別人會因為你的行為有壓力），那只代表了你是這樣看待自己的。因為每個人都是不同的

個體，你的過去經驗不能套用在每個人身上。

如果你把這些都釋放了，你的生命就不再有這些「體驗」。（就算這樣的人還在你的身邊，對方心中那份惡也無法作用在你身上。這不是在理性上說服自己萬物都是愛，而是能實際在體驗上感受到各式各樣的愛。）

當我們面對內心深處最可怕的魔鬼時，我們的抗拒感又會更嚴重。舉比較極端的例子來說，嫉惡如仇的人，就是內在也有那個很強烈的惡的因子，才會有如此強烈的反彈。只是自己不願意承認自己擁有那樣的本質而已，也因此這樣的人很容易被惡給反噬（看很多電影、動漫就知道，很多正義感太過強烈的人最終也會淪為自己最厭惡的那種人。最嚴重的不是他們的作惡，而是他們不知道自己在作惡，給自己找各種理由，認為自己是正義的一方。）

要承認自己身上有自己最看不起、憎惡、感到噁心／最欣賞、羨慕、想成為的特質，絕對不是一個懦弱的人可以做到的事，各個都是極度勇敢之人。當這個過程開始發生時，我們內心一定會有非常多複雜的感受與不舒服，我們只要純粹地去「感受」這個不舒服，直到這個不舒服的感覺「自己走掉」為止。

釋放創傷過程就是一層一層地剝。如果把處理創傷的課題的處理比喻成練等的話，當你在等級 1 的時候，看等級 99 的攻略書也等於是無字天書，因為經驗值還沒到那裡時，再怎麼說明，你仍難以真正地了解意思。就像是以前我看那些有大智慧的人說的話會覺得迂腐或過於理想化，直到現在醒悟才覺得孔子、老子、佛陀、耶穌的話語都是真相。

一天，蘇東坡與佛印相對坐禪，蘇東坡一時心血來潮，問佛印禪師：「你看我現在禪坐的姿勢像什麼？」佛印禪師說：「像一尊佛。」蘇東坡聽了之後滿懷得意。此時，佛印禪師反問蘇東坡：「那你看我的坐姿像個什麼？」蘇東坡毫不考慮地回答：「你看起來像一堆牛糞！」佛印禪師微微一笑，雙手合十說聲：「阿彌陀佛！」蘇東坡回家後，很得意地向妹妹炫耀，說：「今天總算佔了佛印禪師的上風。」蘇小妹冷笑一下，對哥哥說：「哥哥！你今天輸得最慘！因為佛印禪師心中全是佛，所以看任何眾生皆是佛，而你心中全盡是污穢不淨，把六根清淨的佛印禪師，竟然看成牛糞，這不是輸得很慘嗎？」

循心生活：
先感覺，再行動

　　不只面對不舒服，我們在日常生活中的小事也可以開始練習感受。「先感覺，再行動」這就是循心生活的日常生活的練習。

　　例如今天你去上班時，有個不熟悉的人迎面走來，不要下意識地使用對每個不熟的人打招呼的方式，請花點時間「感受」這個迎面走來的人，這個「感受」讓你想要做什麼？心的指引通常不會符合常理，可能你平常是習慣說「嗨」或「你好」，但在你感受之後，你或許會發現你不想說「嗨」或「你好」，你只想要點頭笑一笑，或是你想

說這輩子從來沒想過可以拿來打招呼的狀聲詞「耶嘿！」，或是你感覺到不想要打招呼。你會發現你正在「回應」這個人的狀態，而不是機械式地用以一概全的方式對待每一個人。

你可能會想說，如果我感覺到不想要打招呼，那不是很沒禮貌嗎？但誰知道呢？搞不好你接上了他的能量通道，感覺到他當下內心真正的狀態是不想要跟任何人有接觸，也許他內心還會感謝你沒有跟他打招呼呢！

當我們在純粹感受，沒有任何目的跟限制時，通常我們就能夠覺察對方能量層次的真實狀態，這種認知會轉譯成我們內在的感受，因為與對方的能量通道開始接通，你所感覺到的、想要做的，也會非常接近對方需要的。不需要辨別，不需要分析，你自然而然就會做出符合這段關係的目的的舉動（也許這段關係的目的是要產生衝突來讓彼此學習。每段關係的目的不同）。這可以說是最初步的心電感應，也是愛的力量之一。

當你的內在越是敞開，代表障礙越少，能夠接通的部分越緊密，資訊量也會越大，你會莫名其妙地「就是知道」別人的狀態跟他想要怎麼被對待（資訊量越大，越知道細

節），不論這個被對待的形式為何。因為接通了對方的能量，某些舉動自然會成為你感受到內在驅動後去做的事，不會有什麼抗拒感，也不會因為做了對方想要的，而有被剝奪感。你可能完全無法理解自己為什麼知道，但你就是知道，而且會知道得鉅細彌遺。（而且是可以透過執行取得對方回饋來印證的）

　　當你想要做的跟對方想要的越來越一致，也不加諸期待在對方身上，那麼根本就沒有需要協調的必要，加上你知道自己的不舒服，全部都是自己需要去釋放的，跟對方做了什麼毫無關聯性，彼此的相處就會莫名其妙地和諧到不行。不需要有目的的溝通、經營跟協調，只有不斷地用真實的自己交換能量，雙方都在做自己喜歡、想要做的事，而且就剛好就是會讓彼此喜悅的。因此這是一個沒有輸家的關係。

愛的能量是什麼？

　　能量是什麼？能量是「能」的量。「能」有很多意思，是物質運動、完成某個動作的「潛藏力量」。當我們在討論「能」的時候，都是「形式」之前的事。不論是熱能、電能、太陽能、動能等等，都是還未被轉換成「可用」的形式。

　　當我們在討論一個人「能不能」時，也是在講這個人去完成某件事的「未來性」，而不是指一個已經被客觀觀察到的事實。當我們討論一件事的「可能」性時，也是同樣的道理。也就是說「能」是一種「動向」的能量。

當能量被「轉譯」時，就會有功率的問題。當能量要被轉譯成有形有象的存在時，它的本質一定會被犧牲。當我們將電能轉換成風扇的轉動，風扇的轉動雖然來自電能的運作，但它實際上不是電能本身，只是電能表述自己的一種方式。

　　要了解能量流動，你需要去觀察一件事或一個概念表述自己的運動方式，它的各種不同層面、角度，用心感受它才能抓住它的本質。見肉眼不可見之相、聽肉耳不可聽之聲、嚐舌頭不可嚐之味、觸身體不可觸之感。

　　能量也可以換成「振動頻率」這個詞彙，振動也就是「運動模式」，也是一個存在的不變「本質」。「命運」則是「生命運行／運動」的意思，所謂的「運行」就有慣性、有慣性就能預測，也就理解為什麼命是可以用「算」的。一切的物質都在變動，是因為一切的物質都在運動。一株植物看似靜止，但此時此刻也跟著地球自轉在運動。能量是一種震動與波動，所有的存有都在「運動」。（現在很多的算命工具都摻有太多物質世界的規則跟價值觀，加上了好壞對錯，就會有了對於生命片面、不完整的解讀，我個人不太建議去做有個人價值觀、好壞對錯參雜的算命

系統。）

　　如果要比喻「命運」是怎麼算出來的話，你可以想像拿一個塑膠大箱子當作「環境前提」，拿三顆不同材質、大小的球，像皮球、籃球、乒乓球並且把這三顆球丟進去，每顆球都有自己在這個環境下運動的方式，仔細一點更能去「算」每一顆球丟進去的時間點、角度跟力度，就能預測最後每顆球的落點，跟中間運動的過程，這就是命運跟「未來預測」。

　　這些球與彼此、環境的交互作用之下，就成了我們所錯認的「外在作用層次的因果」。但真正造成這個結果的，事實上不全然是因為皮球撞到了乒乓球，而是因為皮球有其橡皮的性質，乒乓球有其塑膠的性質，跟這個大塑膠箱有另外一種塑膠的性質。這些「性質」跟我們前面提到的「力道、角度、時間點」等「不可視」的元素才是造成結果的真正的「因」。

　　太陽有太陽的性質，水有水的性質，樹木有樹木的性質，在大自然的系統裡，每個存在都完全不費力地貢獻自己的價值。樹苗不用費力地長大，而是自然地「伸展」開來，西瓜的種子也不會長成香瓜。我們並不具有影響或改變他

人的力量，也就是說，所有的「因為我這麼做，所以讓他變成那樣」都是一種「因果的誤植」。

在符合常理的關係中，大部分的人會體驗到「我對對方太好」、「太愛對方」，所以對方「變得不在意」、「不珍惜」甚至「爬到我頭上」。對方的這些行為與反應，事實上並不是因為你對對方太好或是太愛對方，也不是因為你不愛自己所以別人不愛你，是因為「他不愛自己」。

當你內在是分裂的，你就會受到內在也是分裂的人的強烈吸引（並且你們分裂的方式可能剛好像是拼圖一樣，拼起來會有「補上缺口」的感覺）。我們都只能接收自己認為「是」的部分，如果你給出的愛大於他認為自己值得的，那他就會開始破壞跟拒絕這份大於自己值得的東西。而我們自己則是因為內在的分裂，所以會被吸引跟選擇這樣的人。

並不是因為 A 不夠愛自己，「使得」B 不珍惜他。而是因為 B 不夠愛自己，所以他沒辦法接收「太好」的對待，只要對 B 超過他認為自己值得的部分，他就會自己破壞掉它，藉由傷害 A 來達成這個目的。而 A 因為不愛自己，而被 B 吸引、在一起並忍受他的不珍惜。這兩個狀態是完全

獨立完成的，只是看起來像是有互相影響罷了。

　　前面有說到我們只能體驗自己「是」的部分，在我們內在不再分裂之前，我們對別人的所產生的情緒感受，都是一種幻想跟投射。如果關係內出現 A 對 B 有大量的愛戀感，B 卻漸漸對 A 產生厭惡或排斥，那就是雙方或至少其中一方活在透過自己濾鏡解讀的幻象之中。因為只要我們能跟感受「能量流」連接時，我們在關係中感受到的東西，一定是「共通」的（但頭腦解讀感受的方式不見得一樣）。

　　假設今天 A 遇見一個體驗過「是愛且個體化」的對象 C，那麼不管 A 對 C 多好，C 都不會用「不珍惜」或「刻意傷害」的形式來拒絕 A。但因為 A 內在是分裂的，「是愛」的 C 能夠辨認 A 內在的分裂，C 不見得會選擇跟 A 發展關係（但也有可能會，端看當下的能量流給 C 什麼感受），C 會藉由自己的方式來協助 A 消除內在的分裂，不論這是藉由拒絕的形式，還是在一起滋養 A 的形式，還是在一起之後再分開的形式。

　　但不管怎樣，因為 C「是愛」，所以他不會破壞跟傷害 A 所給的愛，因為對 C 來說沒有「太好」的問題，但是 C 卻能辨認 A 拼命給予的好是「非愛」。C 也能辨認 A 是

否想要朝「是愛」的方向前進，還是想要逃避自己的功課，待在非愛的狀態。

C因為清楚自己不具有真正改變他人的能力，也知道A擁有跟自己一樣的主宰自我的力量，就不會一定要採取什麼固定形式的行動。C因為跟能量流（感受）是連接的，他對A的感受自然也會符合這段關係的本質，不會想要扭轉或改變，而是臣服與順流於本質帶來的現象與情感變化。

現在大部分人的狀態都是分裂的，所以「因為對對方太好」而被傷害的情形就會很普遍。只是陰性能量體在表現內在分裂的能量真相的時候，傾向使用「付出」的形式來綁架對方。而陽性能量體在表現內在分裂的能量真相時，更傾向使用不珍惜跟不忠誠的形式，但是雙方的能量真相都是「非愛」，雖然彼此在形式上有差別，但本質上是沒有差別的（陰陽能量於後面小節詳細說明）。

在有愛的關係裡，不管要對對方多好都可以，而且不可能造成對方的不珍惜（但對方是否珍惜，跟你們的能量流表現是否是戀人形式無關）。因為對方是否能珍惜或感謝，只取決於他認為自己值得多少愛、多好的對待，反之同理。當我們還在非愛的時候，的確會需要建立界線來保

護自己。但當我們是愛的時候，我們了解到自我保護事實上是一種幻象時（因為根本沒有人有能力傷害我們，靈性的成人了解：自己主宰自己所有體驗），建立界線就不是為了保護自己，而是為了接受跟自然呈現關係的本質，不去刻意扭轉或反抗生命的發生。

也就是說，當我們內在的洞被補起來之後，我們不會喜歡上不會喜歡我們的人，不會辨認錯誤產生與對方對自己的感受產生落差。就像是把檸檬汁加入牛奶會產生沉澱物，不會美好地融合在一起，不去刻意反抗自己被創造出來的本質與外界互動的結果，不是因為牛奶跟檸檬互相討厭、不愛彼此，就只是他們彼此交互作用的性質是如此罷了，愛可以在任何的形式裡。

陰陽能量的
動態結構

　　在這有形有象的世界上，一切能被五感感知的存在都是「有條件的」。何謂條件？換句話說就是依循著某種固定的規則，在符合這些規則的前提之下，才可以「成立」的一種狀態。

　　舉例來說，我想要創作一件藝術作品，當這個藝術作品要變成這個世界的「實體」，我就必須有所選擇。我要用什麼樣的形式呈現作品？我要用什麼材料？我要用什麼結構？什麼意象？什麼顏色？什麼媒介？

　　任何東西，如果希望自己在有形有象的世界裡面存在

（被五感體驗到），就需要做出「要用什麼樣形式來存在」的選擇，乘載所有概念、所有材料、所有結構、所有意象、所有媒介的東西是無法「存在」的。也就是說，存在需要「選擇與限制」，如果沒有任何限制，這世界上將不存有任何的創造。創造這個行為，就代表著在不斷地做出選擇跟給予自身限制，真正的自由不存在於有形有象的世界，自由只存在於我們的精神之中。

限制與自由，都是中性的概念，並沒有好壞對錯之分，好壞對錯成立於「有立場」跟「有批判性」的這兩個條件之下。觀點立場不同，好壞對錯的標準就不同，變化性如此之大的，在本書的定義就是虛幻的。「有條件」只是在此有形有象的世界裡「存在」的物理規則而已。那麼，「無條件」的概念就不會「存在」於這個有形有相的世界，「無條件」與「自由」一樣，存在於精神（能量）的層次上。

我們先從自由談起，一個人可以被關在牢房裡，但如果這個人是自願進入牢房，也許他在牢房裡會「感覺很自由」，不用煮飯也不用擔心賺錢，不用選擇要做什麼，什麼都被安排好，也不用想要去哪，是一個很輕鬆的事。那麼「被關在監牢」這個好像很不自由的形式，對於這個人

來說卻是很自由的事。

　　或是舉新冠病毒為例，怎樣的人會覺得疫情很痛苦？那些平時很喜歡往外跑，不出國就會不舒服的人。但是對於很喜歡待在家，甚至討厭人群的人，就會覺得疫情事實上不是什麼太壞的事。

　　由此可知，所謂的自由是一種「主觀的感受」，而不是一種「客觀的存在」。自由可以在所有看似自由或不自由的形式裡存在，無條件的愛也是同樣的道理，它可以在所有形式裡存在，那麼形式就不具有任何的意義。因為沒有任何「存在的條件」能夠讓自由成立，一個人可以擁有所有的選擇、去所有地方、買所有東西，卻仍然覺得不自由。既然形式不具有任何意義，也不需要任何實質的證明，就能夠主觀地被「無條件」地相信跟接受。

　　無條件的愛轉換到有形有相的世界也只是如此，沒有「愛成立的條件」。一個人可以做出所有有愛的證明與形式，卻仍然覺得不被愛。要辨認「是」與「不是」就只能從形式中解放出來，真正地從能量的層面去感受一個發生、行為或話語的本質。

　　我們都以為「感覺」是很容易與真實脫節的，的確，

當我們無法全盤接受所有資訊時，無法全然地接納一件事的「如是本質」，就會創造出虛假的感覺。當我們有恐懼時，就會對某些資訊感到排斥，或「無法接受」。也因此我們會發現，我們的「感覺」在沒有得失心、沒有期望的關係裡都運作得不錯，但在有得失心、有期望的關係裡都會常常出錯。那就可以隱約感覺到，我們的感覺並不是真的不值得信任，而是我們的「得失心」（恐懼）不值得信任。

事實上，感受（右腦）比任何分析思考（左腦）都還能辨認真實，因為分析跟思考需要有目的、採取了某種立場之後才有辦法進行，並且不符合這條路徑的資訊都需要排除掉。我們的理性也無法同時進行太多路徑的運算。

但是感受卻不一樣，感受不需要目的也不用採取立場，只需要大量地擷取各種四面八方的資訊，並且直接做出結論就行了。以資訊量來說，感受絕對比分析思考更準確，這也就是為什麼「第六感」能發揮它的神奇功效，或是有些人能不用任何證據就準確地預言未來。

如果我們要辨認一個看起來像是皮鞋的蛋糕，我要怎麼知道它「是」還是「不是」蛋糕？在外觀上也許再怎麼分析也分析不出來，因為是就是，不是就不是，不會因為

你做大量的分析思考，一個皮鞋就會變成蛋糕，一個蛋糕就會變成皮鞋。

就算去吃了，你又怎麼知道它是蛋糕，而不是其它東西？根據以往的經驗嗎？如果是根據以往的經驗，你又怎麼知道蛋糕就客觀是你記憶中的那樣？還是只是因為你定義那樣的口味跟口感是蛋糕，所以它在你主觀之中就是蛋糕？也許裡面根本沒有蛋，或者這塊蛋糕是以能偽裝成蛋糕口感跟口味的超高技術製作而成。因此一個東西「是」什麼，無法被客觀地證明。

如果一個東西「是」X，那就會在所有存在的層面都符合這個「是」X的本質。例如，如果一個存在是狗，那他的存在能量波幅會是狗，思考會是狗，身體會是狗，行為是狗，只要他所有存在層面（包含思緒、認知框架、情緒感受、下意識反應、肉身形式、自我認同）符合「狗」的本質，它就「是狗」。

在我還忘不了前男友的時候，我會一直告訴自己我們的關係裡是有愛的，他是愛我的，他就是我命中註定的那個人。但是我內在有個聲音，一直在懷疑這件事，使我不得安寧。如果我的所有存在層面都相信這件事「是真的」，

那麼我還需要一直說服自己他愛我嗎？我會一直需要去說服別人他是我命中註定的那個人嗎？好像是不會的。

　　就像是，我認為我「是人」，我就從來不會質疑過自己是不是人，直到這個「我是人嗎」的問題進入我的內在之前，我都「是人」，我的所有存在層面都符合「人」的本質。但一旦這個懷疑進來之後，我對於我「是人」的這個狀態產生懷疑時，我就進入了展開自己成為「非人」的可能性的第一步。因此「懷疑」本身也是中性的、無好壞對錯的，它只是一種創造「不知道是不是」的存在狀態，懷疑使得可能性被展開，「是」的狀態被破壞，也同時使得內在變得不安定。

　　因此我們永遠無法知道「未來」我們會不會突然進入「不知道是不是」的狀態，也就沒有辦法確定這個「是」是否永恆不變。換句話說，只要你所體驗的愛仍然受制於時間與空間或條件，無法讓你體驗超越時空的偉大，那麼就可以推斷它「不是」此書定義的愛，因為此書定義的愛是永恆不滅的，不受任何條件影響的。

　　當然如果你所體驗到的不如同我所描述的，但你已經想要把它定義成屬於你的愛，你想在此停止追尋了，你覺

得現在體驗到的就夠了。那它也會成為你的「是」，直到讓你質疑它「是不是」的感受發生為止（但也許到生命結束之前，你都不會體驗到質疑）。一切都會如一切萬物的真實本質進行，沒有什麼好擔心的。

當源頭能量進入條件（分裂）領域時，分成兩種初始不同性質的能量，一種叫做陰性能量、一種叫做陽性能量。這兩種能量總是同時存在，因為它是一體的兩面。就像是好與壞／對與錯／善與惡這些看似對立的概念，卻無法單獨成立。

就像是水，雖然表面上是柔軟且有包容力的，但水加壓之後卻能切鑽石。水也常常在很多奇幻設定的電影中成為非常強大的能力，因為實際上水的破壞力（隱陽）是很強的，只是不是一眼就能看出來。

陰、陽這兩種能量主宰了這物理世界的一切創造，遍佈萬物之間。情慾的流動跟關係的建立、關係內的動態結構，也都會符合這兩種能量的交互作用規則。當我們講「陰性能量」時並不一定是指女性，只是女性的身體是能量以「陰中有陽」的形式存在時的自我表述模式，因為載體是「陰中有陽」的性質，所以也容易採取「陰中有陽」的方

式存在。

當一個異性戀的女性說自己「陽性」能量比較強時，除非她在表現陽性能量時（分離、保護、供給、給予）可以打從心底感到幸福跟價值感，不然她所認為的「陽性能量」就只是她內在的自我分裂後，外顯人格表現出自我保護的「習慣及安全模式」而已（這就表示她認為自己內在很弱，所以才需要強大的保護殼）。陰陽能量在本質上一定等量存在，所以強與弱只是在表象的觀察與誤解，而不是本質的樣態。

陰陽能量只有「總量」的問題。一個陽性能量看起來越僵固的人，事實上是陽性能量的範圍越小（弱）、陰性能量也範圍小（弱）。能量是你彈性越大、障礙越少，涵蓋的範圍才會越廣。

而為什麼大部分的異性戀女性會渴望「比自己更強」的男人，因為當你的自我認同是陰性取向（認為自己是女人），身體的存在狀態是女性（陰中有陽能量的自我表述模式），並且性向是「喜歡男人（陽中有陰）的能量自我表述模式」的話，那就代表這個人的本質是以「陰中有陽」，並且以這種表述模式才會覺得生命是「順流」的。

這也是為什麼我們會被跟自己相反的人吸引，因為在能量真相的層次上，能量本身的作用就是會被自己認為「不是」的層面吸引，因為跟自己「不是」的結合，我就能夠感覺到「全部都是」的完整性。

在表現自我的形式上面，也會有形式是「陰」但核心是「陽」的模式。例如日本女性在吸引男性的方式，就是看起來很陰（可愛），但事實上在能量層次上是很陽（目的性強、追求）的。我們以為大男人主義是陽性，但事實上大男人主義只是看起來陽（強硬），但事實上很陰（接收）的狀態。我沒有看過任何一個大男人主義的男子是打從心底快樂的，他們也許會表現出很爽的樣子，但一個打從心底快樂的人，是不可能呈現如此可憎、剝削他人的樣態（不管他們是否承認）。

一個只能用柔軟或是強硬等固定且僵硬的模式來自我表述的人，能量範圍都是小且無力的。（其實不管是大小、強弱都不太適合拿來形容能量，能量只有性質上的不同，不太能用相對性的形容詞來表述，只是這樣的描述可能比較好理解。）

借用太極說明能量分裂的過程

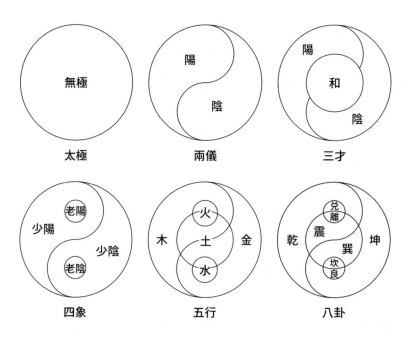

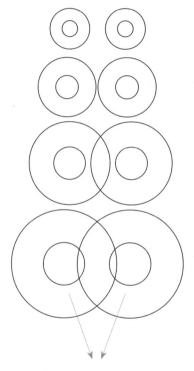

陽性陰性分裂的部分開始融合，
產生巨大的能量以及轉變

所謂的去除分裂，可以說是將內在分裂的陰陽狀態給消除。大家可以從太極的萬物生成圖來理解。所謂的融合，就是將這個過程反向操作。我們所說的「個體化」或神性自我（真人）就是能夠完整地去表達自己的每一個面向：我們每一個人都已經俱足了每一個面向，都是完整的。那既然我們要自由地表達自己的每一個面向，我們就需要把內在的分隔（分裂跟不是）給消除，使我們內在的陰陽「合一」（成為所有「是」）。

　　陰陽合一跟陰陽平衡是有其落差的，陰陽合一代表我們朝著與萬物合一以及無條件的愛前進。不管是什麼東西或存在，分裂越多的時候一定會越混亂，而我們所說的平衡大多只是朝向「兩儀」的那個層次接近，也就是前面所講的「平衡的遊戲」。

　　但是在「兩儀」的狀態時，雖然在這個能量狀態，能量範圍已經足夠到可以讓符合常理的關係維持一輩子。但符合常理的關係在本質上仍然是「非愛」，是需要消耗自己的精力去維持的，雖然你已經有能力這麼做。若你不想玩關係平衡的遊戲，就得朝「合一」方向前進，而不僅止於「平衡」。

這跟核能的 E ＝ mc2 這個公式以及核融合的過程有異曲同工之妙。合一的過程，就像是把物質轉換成能量的過程（把界線跟分裂給消除），我們從愛因斯坦在此物質世界得到的公式 E ＝ mc2 可以知道：物質（有明顯分界的分裂狀態）是極度稠密的能量，只要一旦完全讓邊界消失，就能夠迸發巨大的能量，如同核融合反應。（目前有說法是 NASA 早就已經實際測量過太陽表面溫度，其實根本溫度其實只有 27 度，但因為完全不合科學界普遍認知，所以 NASA 一直沒有公布。很多地球物理規則外的事，完全不符合常理。）

這個感覺很像我與命中註定的那個人遇到的感覺，迸發巨大的能量，造成許多不可思議的轉變跟提升。1+1 就不再只等於 2 了。我們不斷地破除原本對自我的定義，消除自我與外界的分別（破除我執），能量就會一直不斷擴大。

7

陰陽能量的
性質

　　前面有提到，陰陽能量其實沒有強弱之分，因為陰陽
是一體的兩面。個體有能量範圍之分，但這是這個個體的
能量的總和（陰＋陽），而非這個個體哪個能量比較強或
比較弱。也就是說，你的陽性能量範圍小就等於你的陰性
能量也範圍小，你的陽性能量範圍大也就代表你的陰性能
量範圍大。只是以目前你所選擇的自我表述方式，陽是在
內還是在外而已。

　　剛剛我們看到的太極生萬物的圖，那是在能量的真相
層次上的變化（無形無象的範疇），但在有形有象的範疇

裡面，還是會有陰中有陽、陽中有陰的形式差異。我們可以看到形成「五行」的那張圖中，能量層次的結構已經沒有那麼單純。

意思是說，當你內在已經消除了大部分的分裂，你可以隨意轉換你想要自我表述的能量形式，有時候你可以表現很陰的形式，或很陽的形式。但這些形式都有一個隱藏且等量的陰能或陽能在背後支撐才得以形成。

陰陽兩種能有其不同性質，不是誰好誰壞的問題，只是「性質」、「功能」、「作用」的問題。當我們還無法脫離個性跟固定模式的束縛時，的確有方式可以使符合常理的關係穩定不要出大問題，只要持續地維持關係中陰陽的角色平衡即可。

陰性（右腦）	陽性（左腦）
合一、結合	分離、獨立
接收、接納	提供、給予
概念、方向	行動、執行
感受、體驗、聯想	思考、分析、邏輯
從外向內（吸引）	從內向外（追求）
直覺（知道）	判斷（理解）
藉由使自身獲得滋養 得到價值感	藉由使目標滿足 獲得價值感
操弄、情緒勒索、暗示	命令、強迫、暴力
吞噬、同化、消除界線	逃避、封閉、建立隔閡

所有的非異性戀族群，在生活的體驗上，都比異性戀更清楚陰陽能量在關係中的作用，正因為非異性戀族群沒有被性別綁死，他們在成長的過程中就必須一直去探索這些議題，搞清楚自己的喜好與在關係中的位置。

　　因為他們的自我認同（是）與性向（追求自己「不是」的）這部分比較複雜，所以能夠理解所謂陰陽兩極相吸，這與性別毫無關聯性。並且每個個體都擁有不同的本質，也許大方向上會有相似之處，但若我們能更純粹地去感受每個人，會發現每個人都是不一樣的。

　　我希望大家不要只是從前頁的表格來理解陰陽能量，而是要抓住那個性質跟感覺。我們可以從陽性能量的感覺了解到，陽性能量的動能很強，但是卻毫無方向性，就如同單身的男性找到真正的歸屬之前，無法安定下來，也無法體會滿足心愛之人的幸福感。

　　陽性能量會在滿足他人獲得成就感的同時來確認、感受自身的陽性之力，也就是為什麼男人會用賺錢、地位、競爭成果等成就來判別自己的價值，或是在自己能提供女性幫助、追求的時候得到滿足。

　　陽性能量不斷地在找任務、問題來解決，那他們會找

尋誰出的任務跟選擇解決誰的問題呢？當然就是擁有陰性自我表述能量的個體。也就是說，以陰性能量作為自我表述的個體，在關係之中是「引導」、「帶領方向」的那個隱藏的領導人。（陰性能量不是性別，因為在關係中，男人也可能變成偽裝成陽性，但在作用上，實質是陰性方，也就是大男人主義的狀態。同性之間的交流也會有這樣的動態關係，這世間上所有的動態關係都具有陰陽流動的結構性質。）

真正執行推動這段關係、行動的那個角色則是「陽性能量的帶動方」，所以會看起來好像陽性是領導人，但是真正給出方向的，事實上是陰性能量的帶動方。因為陽性總是會想要、關注滿足陰性的欲求，朝陰性能量希望的方式前進。這就是這個「能」帶領物質跟個體運動的方向跟形式。也就是為什麼大部分的有用的戀愛技巧，都差不多是那樣教，讓女人進入陰能的模式，讓男人進入陽能的模式。

而合乎常理的關係會出問題，也常常是當應該處於陰能推動的角色變成了陽能（給予、付出、推動關係），陽能推動的角色變成了陰能（接收、被滋養、給出方向）。

但對於習慣處在陽性方、尚未陰陽融合的男性來說，這樣的狀態事實上是無法獲得價值感的，他會覺得自己在這段關係裡很不滿足，但會覺得很安穩、安全（解決方式就是出軌）。同樣地，對習慣處在陰性方、尚未陰陽融合的女性來說，不斷付出會產生某種怨懟的情緒，她會覺得自己在這段關係裡很不滿足，但又不敢離開（解決方式大多是委屈自己付出更多，認為可以就此交換到對方的滋養），也因此長期關係的維持就會變成平衡的遊戲。

既然個體化是能夠自由地表述完整真實的自我，那就表示我能夠呈現各種不同陰陽組合的自我，而且這是與「有愛」（有連結、流通到能量本質）的對象相處時與對方共舞的結果。在這樣的關係裡就不用維持固定的角色模式，因為雙方都能在各種不同的狀態之中接收到愛，自然而然就跳出了平衡的遊戲，而是愛玩什麼就玩什麼，關係也不會垮的遊戲。

要進入此種沒有規則的遊戲之前，雙方都要能夠在自我之內打破這種「一定要透過這種方式得到滿足」（期望／執著）的規則。一個個體化完成的人，不見得會很受歡迎，追求受歡迎就是一種假象。受歡迎代表你要迎合大部

分的人被植入的社會價值觀的喜好，也代表那不是你真實的自己，一切都在虛假的層次上運作。

但是當你很會操弄他人的時候（很瞭解他人的恐懼模式），就會很受歡迎。為什麼這社會大部分的人都很好操弄？很簡單，因為大多數人都還沒個體化，都還是受到自己童年寫入的程式碼所控制的肉身機器。這戀愛市場中，就分三種人：可受操弄的人（80%），學會操弄別人的人（20%）與不受操弄的人（老實說我真的不知道這樣的人有多少，但我希望藉由這本書的出版，可以使這種人變更多。這樣的人也不玩戀愛市場的規則了，所以我也不列在裡面）。

「先感覺，再行動」就是讓大家練習開發自己的右腦的機能。培養這個世界已經式微很久的陰性力量的發揮。熱衷於平權運動的女性，很多都沒有意識到自己是在提倡讓女性更加「陽性」，拒絕讓自己被滋養，更提倡跟助長女性男性內在的分裂，有種刻意地想彌平所有的差異，將每個人都中性化的政治正確的氛圍。

這世界上的所有存在，都擁有陰陽兩種性質的能量，而每一種存在都有固定的運動方式與性質，那這樣固定的

運動方向跟性質，就會決定它的「相」。因此面相、手相都可以看出命運，而且面相跟手相也是會變化的。也因此所有存在的創造過程都是陰陽兩者的結合與合作，關係的存在也是一種創造，也必須藉由不同層面的陰陽能量的合作。

我們每個人都會體驗分裂，就如同我們在這個人世間會體驗到「我」跟其他存在體的不同分界。然而，雖然我們都會經歷分裂，但是有些分裂事實上沒有一定需要經歷，例如來自父母的期待跟否定。當然如果我們已經經歷了，我們這一代將是能夠意識覺察並且轉化它，讓傷口停止傳承。

分裂的程度越高，內心世界越是混亂。要讓自己的陰陽能量都能擴張，就得先認識自己受傷的陰陽能量。陰陽能量是一體的兩面，若陰性能量的範圍小，陽性能量也會範圍小。當我們的陰性受傷時，根據創傷的形式，可能會呈現兩種不同的方向，一種是呈現受傷的外陰內陽，另一種是將自己受傷的陰性隱藏起來，轉換成外陽內陰，當成保護自己的一種防護罩。

但不管外在人格選擇什麼形式來呈現自己，內在被隱

藏的人格（陰影）肯定是與其相反的。在榮格的原型的理論中，用阿尼瑪*來表示陰性能量的人格化形式，而阿尼姆斯*則是陽性能量的人格化形式。當我們內在的阿尼瑪或阿尼姆斯被隱藏起來，我們就會去尋找或是被剛好能成為那被我們認為「缺少的那一塊」的外在形式的人吸引。也因此當雙方被互相激起了強烈的吸引力，在兩情相悅的狀況下，我們會有很強烈的「被拯救」或是「被完整」的感受。（這樣互相需要的關係，會產生令人窒息的體驗。）

你並不需要瞭解太多有關於陰陽能量的知識，因為我就是我們自身，要了解自己的本質，不需要任何拐彎抹角的、從外得來的知識，只需要排除你認為你知道的，真正地認真、用心地感受。旁觀者也許在你處於自我欺騙狀態時會比你看得更清晰，但當你真的下定決心要真正認識自己時，「旁觀者清」這句話在你身上將會變得不管用。

愛在化成文字時會顯得很複雜，但是因為愛不符合我們認知的常理的範圍，所以我才需要花如此大的篇幅跟如此「分裂」的方式來描繪愛，但愛「直接的體驗」卻是極其單純的，寫此書的作用有限，我還是鼓勵大家直接去體驗、感受，當你體驗過了，你就不再需要這本書了。（當

* 阿尼瑪與阿尼姆斯是榮格提出的兩種原型。阿尼瑪原型為男性心中的女性意象，阿尼姆斯則為女性心中的男性意象。在榮格的分析中，發現無論男女，於無意識中，都好像有另一個異性的性格潛藏在背後，也就是「內貌」。男人的內貌，女性化一面為阿尼瑪（anima），女人的內貌，男性化一面為阿尼姆斯（animus）。

我體驗到愛的存在時，我把我所有關於符合常理的兩性書、技巧書都給送人了，因為對我目前已經體驗過非二元對立的互動方式來說，那些都變得缺乏真實與意義。）

Chapter

4

女神狀態
與真愛體質

女「神」狀態

　　每個人對於「神」的理解都各異，由於語言會扁平化體驗跟概念，並且需要一個敍事的立場跟觀點文字才得以成立，也因此可以說所有文字化的真相傳遞都是失真的。

　　我個人認為宗教不能與真理混為一談，真理並不是人類所創建的，而宗教是人類所創造的。我個人相信所有體驗過真理的大師，也許用詞跟時空背景不同，卻沒有必要去分化他們的教導。在本書，我只能訴說我個人實際的體驗，以及我目前認為到底「神性」是什麼。而在學無止盡的人生裡，我對宇宙的理解逐漸加深加廣的過程中，我在

未來也會不斷更新自己的認知。

　　如果說神是創造這有形有相的世界的存在，那麼他就會是宇宙這個故事的「作者」，是一個超越人類目前頭腦認知的創作者。對於一個創作者來說，對於自己用心創造出來的東西，無論它是否完美，它都是創作者心中的寶貝。而當我體驗到愛、成為愛的一部分的時候，我覺得自己好像借用了「神」的眼睛，看到了一切。

　　所有的東西都是「完美的」，但這個完美跟我們在人世間常常說的「完美」（沒有缺點、沒有負面）的意義不同，而是：無論是什麼，一切都沒有問題，沒有東西需要被改變。這個體驗讓我想到佛家說的「如是如是」的智慧之語。這是我第一次不只用頭腦理解了這句話的意思，我的身、心、靈都在浸透這個感受，而讓我產生這種感受的，就是當我與他四目交接時。

　　時間好像停止了，比起在熱戀期前男友看我那種寵溺、讓我要融化的眼神，他就只是「看著」我，而我也在「看著」他。而那個瞬間，我突然理解了前男友看到的並不是我，而是他在我身上看到了對愛情的幻想，並且是他想看我，我只是單方面接受他對我的迷戀。

同樣是「看著」，我卻感覺到前男友看著我時那種想要「作用」的、騷動的能量（更貼切地形容，類似一種：強求與現實脫離的美好感覺），而這個命中註定的他看著我時，就如同我感受到的那份「如是完美」的感覺，他沒有想要對我「作用」些什麼，就只是靜靜地欣賞著我，欣賞我的一切與真實，而我也在靜靜地欣賞他，好像我們可以看著彼此到永恆也不會膩，那是第一次我用頭腦、理智以外的東西理解到「無限」。

　　我不知道原來會有人可以光是存在就讓我這麼開心，為什麼他可以什麼都不用做，不用向我證明任何事，就讓我這麼喜悅？明明這個人也不是我的菜，為什麼我一見到他全身的細胞都振奮了起來？為什麼這個人可以什麼都不用做，就給我這麼多驚喜？為什麼他只需要存在，其餘都變成錦上添花？這與我跟前男友的體驗很不一樣，因為前男友我總是希望他更愛我、對我付出更多，我總是好像永遠要都要不夠的感覺。

　　見到他是錦上添花、聽到他的聲音是錦上添花，這讓我覺得以前跟前男友在一起時，那個似乎要求很多的我，好像假的一樣。為什麼這麼理所當然的事，卻可以感覺像

是飄在雲端一樣幸福呢？為什麼他什麼都不用做就讓我的身體這麼興奮？這讓我開始懷疑，我以前真的有喜歡過他以外的人嗎？

跟他在一起的感覺像是如虎添翼，有一種我不只能做自己，還能不費吹灰之力把自己的一切發揮到 120%，與他在一起的我可以駕馭所有形容詞，可以輕易地突破過去的自我限制。但這不是因為他做了什麼，就單純地是他散發的能量，使我充滿了好像用不完的力量。

我發現跟以前任何對象相處，體驗卻像是被剝奪了力量，因為需要追求他們的認同與喜歡、我內在的洞需要透過這些男人來填補。但因為我從來沒有遇過可以光是存在就讓我充滿力量的人，被剝奪力量的體驗在戀愛關係中太過於正常，我根本不知道有這種體驗的可能性存在。**因為我一直都在追著認同跟愛，我從來沒真正停下過、從未真正脫離匱乏**，所以當我真正停下來的時候，我才驚覺原來不再需要追著任何東西跑竟然是這種感覺。當這樣的體驗進入我的生命的時候，我覺得自己以前好像井底之蛙。

雖然與他只有短短見過四次面，為什麼與他的回憶，可以讓我不再需要追求愛與認同？前後加起來僅僅不到 60

小時的相處，為什麼可以使我自然而然地，脫離與我相伴28 年的、與異性關係的煩惱？為什麼可以讓我內在如此平靜？

　　為什麼可以讓我不再有興趣與別人爭辯？為什麼可以讓我突然不再需要控制周遭的一切？為什麼可以讓我突然安於未知？為什麼可以讓我變得不再懼怕死亡？為什麼沒有證明，我卻能如此確定他跟我有相同的感覺？為什麼我如此地喜歡他，我卻能不像以前一樣死命抓住，反而是選擇放手？這一切到底是為什麼？

　　是愛，這是我得到的答案。

　　所謂的「神性」大概就是這個意思。為什麼神可以愛著萬物？因為在神的眼中一切本來就是完美的，不是因為這世界沒有負面與邪惡而完美，而是因為這世界擁有了它原本就有的一切，因為沒有堅持任何固定立場的批判，因為世界是世界而完美。

　　雖然我的腦袋知道他還未能成為一個可以給予承諾的男人，也知道他還有許多課題需要處理（我當時也是），但這一切卻無損他的完整、他的神性。雖然我們相處的一連串過程，促成了我們現在處於沒有聯絡的狀態，但我絲

毫不覺得這過程有任何一點需要被改變，或我們彼此有做錯任何事。雖然我的腦袋有時候還是會質疑、抱怨，但我的心知道，這一切、無論是否擁有、分離、相聚，每一瞬間都很完美。

與他相遇的體驗是我打開愛的大門的鑰匙，這扇門打開之後，一切都不一樣了。而我生命中所經歷的一切，好像都隱隱約約地引導我到與他相愛的那一刻，不偏不倚。愛代表沒有障礙，串連起一切存在，也就不會是單向的。

神性代表著我們可以不被任何模式、恐懼所限制，我們可以自由地成為任何我們想要成為的樣子，我們可以是陰性與陽性能量的任何組合模式，能量開始可以在各種不同形式之中流動。神性代表我們可以愛著這世界上的一切萬物，用一切的瞬間不論是好是壞、是苦是甜、是生是死、是善是惡、是正面是負面都很完美，因此「沒有任何東西需要被改變、也沒有東西需要維持不變」的眼光去看待。

所謂的女神狀態（如果此時此刻你是男讀者，也可以稱作男神狀態），即是當我們透過內在神性自我的眼光去看待世界萬物、伴侶、自身，每個當下、每個瞬間都是圓滿無缺的，沒有什麼需要被改變，也沒有什麼需要一直維

持著固定樣貌。當你如果能進入這種神性狀態時，關係也就沒有可以困擾你的地方了。

如果你升起了不好的感受，那你會退一步回到內在，去檢視這是自己想要改變對方，還是對方想要改變我。如果是自己想要改變對方，希望對方來滿足自己的期望，那就代表自己還有需要釋放的部分，只需要去釋放、面對內心的控制魔鬼即可。如果是對方想要改變自己，那你會清楚對方是否跟你在同一頻率上，他會向內去看並且釋放自己的控制魔鬼？還是會認為問題都出在你身上。

如果是前者，那麼讓他自己去處理、釋放完即可。但如果是後者，你會清楚這並非適合你的關係，若自己在這段關係裡已經學不到新的東西、也無法與對方一同前進，便是該準備離開的時候了。

關係會讓我們困擾、痛苦的地方只有兩種情形：一、我想改變對方，我不想釋放我想改變對方的想法，也不想放自己跟對方離開。二、對方想改變我，對方期望的改變對我來說不自然，但我也不想要放自己跟對方離開。這兩者的共通點即是：**無法讓自己跟讓對方離開的執著**。在一起需要兩個人的共識，分開只需要一個人堅定的心情。

想要讓自己不再受到關係的困擾，即是能夠放掉自己對愛情的執念。這不代表我們要出家、禁慾，而是能夠真切地去享受愛情的一切。去感受開始與結束的整個過程，與每一個個體的相遇、能量的交換，每一段關係它的本質，它要帶給我們的體驗，無論是否有結果，就算它不符合真愛的定義也無妨。

　　透過神性的眼睛去看待生命的一切發生，就是女神／男神狀態。當你長期處於女神／男神狀態時，自然會培養、啟動你自身的真愛體質，這樣的體質會帶領你時刻做出自己喜悅的選擇，當我們在生活上實踐真正的「個體性」，我們自身的喜悅不再受到外境的人與發生的事所左右，我們才真正地切斷了靈性的臍帶（期待），而「靈性成人」。

　　神性代表向生命臣服，代表我們完全擁抱了自由意志的真諦，與萬物的一切變化與不變合而為一，不去與生命的任何發生抗衡。自由意志代表著我們不被任何東西控制，也不需要控制任何事，所有的「需要」都是自由意志被剝奪的表現。既然什麼都不需要，我們會「發現」自己真正「想要」的一切。真實的自我（心之所向）永遠都是被發現的，而無法被我們頭腦意識創造、左右的。

當我們取回（憶起）了我們每個人都有的神性本質，我們將不再需要改變世界或改變那些心懷惡念的他人（因為一切都很完美），而是了解一切創造都是由接納自己的真實開始。當我們活著不斷地實踐愛與幸福的能量，就能不需要一定要經由教導的模式，使他人僅僅只是透過你的存在方式、你的選擇、你的能量而被啟發，像是種子遇到水分而成長。

　　你的體質將轉化成真愛體質，如實不過濾任何訊息地接收外界的所有資訊，並且做出相對應的、屬於你的回應。你會發現不管你經歷什麼樣的事，感受都會變得非常清晰、深刻，但卻毫不影響你心中那份平靜。你會大哭、會大笑、會難過、會憤怒，像普通人一樣產生各種不同的情感，你會活得真實並且如實表達。與以前不同的是，這些情感無法控制、影響你的內在穩定分毫。（在體驗愛之前這些文字可能會聽起來很矛盾，但實際體驗到的時候會知道這世界上沒有矛盾這件事，矛盾只存在於不夠涵蓋全體的眼界之中。）

　　何時能取回神性？何時能培養出真愛體質？就是不斷地重複覺察、允許與釋放的過程，如此而已。

真愛體質的
調情藝術

　　在慢慢轉變成真愛體質後，戀愛就會完全脫離性別的限制，單純成為「陽性」與「陰性」與能量互動與創作過程。事實上除了重複覺察、允許與釋放自己的情緒之外，沒有任何方法可以讓你真正接近愛的狀態。建議大家試著用真愛體質的核心，去與戀愛對象互動看看會有什麼不同體驗。

　　對於真愛體質，互動的重點並不在於獲得對方喜歡的感情或特定良好的反應，而是在於「選擇如何表達、選擇什麼形式，才能無失真地讓自己內在真實的『情感能量』傳遞出去。」當我們內在分裂情況越嚴重，內在真實感受

跟表現的方式會越不一致，也就是我們會習慣戴面具或是玩愛情的遊戲，使得一切變得複雜難解。

但我們要記得，「對外境作用」的確會有暫時的效果，但那都是虛假的。在真愛體質時所做的一切，都只是讓關係本質跟能量自然流動的一種「無為的作為」，只是為了讓自己的感受不會「結塊」又成為情緒毒素，並不具有控制關係走向的意義層面。因為不論怎麼操弄關係的表面，關係永遠會照著它的本質走。

調情就是一種「創造氛圍」的藝術。而要如何創造氛圍？就像是電影用什麼樣的手法跟安排來讓觀眾產生內在的感覺是一樣的道理。

以陽性角色（想呈現 MAN 的氣質）做例子：

「我喜歡妳的反應」、「我很喜歡妳的反應」、「我好喜歡妳的反應」三個說法的效果會有差異，但是這些小差異的堆疊，就會造成結果上很大的不同以及人格氣質上感受的差異（當然跟說的語氣跟方法也有關係，只是我們現在是單純用文字表達）。調情之所以可以被稱為藝術，就是因為它本身所包含的元素在操作跟表達上面有非常多元化的變化可以玩，效果也各異。

也就是說，我們要在日常生活中去尋找、感受自己想要創造的氛圍，並且去感受這些感覺是用什麼形式被表達的？有什麼不同的表達形式？跟自己預想的形式是否有落差？例如你的腦袋覺得「應該有性感感覺」的人事物，是否每一次都能夠讓你產生強烈的性感的感覺？你的腦袋認為「不該有性感感覺」的人事物，是否一定沒辦法讓你感受到性感的氛圍？這是我們在日常生活中可以去訓練的敏感度。

　　不管是什麼樣的氛圍，帥氣、可愛、優雅、man 或女人味……任何一個感受，你都得在生活中慢慢細細去品味，氛圍的表達就像每一件藝術創作，可以盡情用各種材料、設計跟元素去組合，用自己獨一無二的方式來傳達自己想要的情感。

　　要去了解某句話、某件事、某個人為什麼可以帶給你這份感覺，為什麼他做出來的感覺是「有到位」的？這原因只有一個：他所選擇的形式，跟他背後支撐這個形式的能量是對應到的。光是「執行形式」，例如光是說「我喜歡你的反應」，但背後並沒有認為自己的喜歡對對方來說是「有價值」的底氣，就會讓這句話變得不 man。所以這

才是為什麼「人帥真好，人醜吃草」，其實並不是帥跟醜的問題，做某件事有沒有背後支撐做這件事的理所當然性，是「底氣」的問題。

我發現要準確地去判斷局勢的方法只有一個，那就是不帶成見地去「感受」。不要用腦去分析，也不要用邏輯去挑刺，因為每個人的背景跟動機實在是太複雜了，你無法用一個行動就推測出對方為什麼去做這件事，因為事實上，「常理」是一個不存在的東西。過去當我想要用常理去判斷一個狀況的時候，通常都會有落差，但是當我純粹用感受去感知狀況時，雖然很多時候不合常理，但反而準確度會變得很高。

因此要懂得調情，也必須開始培養這種關於「情感能量」的敏感度。就如同沒有一件藝術品是可以不透過感受去「懂」的，當調情只是流於形式時，只去思考怎樣才會有效時，就會變得非常像在打戰，無法讓你享受關係互動時那種能量流通的感覺。與其去思考怎樣回應比較「有效」，不如將這個精力轉移到尋找讓自己會「最喜歡自己」的表達方式。

「藝術」一定要先娛樂到自己，自己愛上自己的作品，

與作品合而為一的創作才有可能打到觀眾的心底。就像唱歌，有情感的歌聲跟只是炫技的歌聲能帶給人的感動跟情感波動就是不一樣。炫技的歌聲當下 high 過就算了，會忘記，會留下印記的，都是有情緒能量支撐的表演。會讓人感動的表演者，通常當下必須沈浸在自己的演出之中，真正地忘我，不是一邊思考自己該怎麼做才會得到觀眾的喝采或喜歡，而是將重心放在自己「想要傳達」什麼，想要讓觀眾感受到什麼，是以自己想要表達的為重心，並不是討好。

　　這就是關係的藝術，是雙方彼此的能量交換。一句話、一個動作、一個表情為什麼會讓你感覺到某種特殊的感覺，他是在什麼時機點呈現的，是用什麼方式呈現的，這些成千上萬的細節，你根本分析不完。所以我們要讓自己進入那樣的能量，摸索自己要用什麼方式來呈現這樣的感覺。每一個人可愛的形式不同，帥氣的形式不同，但是我們都能將自己的某種感覺用某一種方式達到 100%。這時候就成為一個「獨樹一格」的特色，沒人可以跟你比較，也無從比起。

　　其實生活上的任何事，我們在做的都是「能量的傳

遞」。而你所選擇的形式，是不是能夠完整表達你自己內在感受到的能量？還是你因為害怕被看穿，而將自己的能量打了折扣才傳達出去？還是你所選擇的形式根本跟你自己內在感受到的東西完全相反？或是你對於你想呈現的氛圍，你根本上就覺得自己「不夠格」支撐起這個氛圍的渲染？

例如你覺得自己有資格可愛嗎？有資格帥氣嗎？如果有資格，你是認為自己本身不需要任何的包裝就有這樣的資格？還是你必須透過某種特定的條件形式（例如衣服、妝容、體格、多少人追求）才會覺得自己可以支撐起這個能量呢？這些都會影響到你跟他人互動的能量交換的結果。

明星們為什麼會那麼有魅力？就是他們一天到晚都在訓練自己的非語言表達，**我如何用自己的方式傳遞我想要傳遞的情感**？明星們不斷地修正自己對於自己的認知、傳達自我的方式，就如同摸索著要創作什麼的藝術家一樣，只是道具換成自己這副身體而已。讓自己所選擇的呈現形式，跟自己內在想要傳遞的能量達到功率近乎 100%，就能夠迷倒一票人，追星追到天涯海角。

一切的秘密都在於是否能夠領悟到「能量」在這個世

界的運行，敏銳度跟覺察力越高的人，越能夠看透一切。而過去我們所認為的經驗跟常識，在了解能量的運作之後，會發現都可以視為無用的資訊，因為在真相的世界中，過去經驗跟常識都是一種對真實世界的失真的框架與扭曲。

在愛情關係互動要順利，其實不用變成什麼調情大師，只要活用幾個句型就可以了。因為我發現大部分大家戀愛的問題都只是讓自己變得怪裡怪氣又不可愛而已。這邊分成兩種不同類型的句型，一種是給想要「被追求」，想要站在陰陽動態中的陰性角色的句型。另外一種則是想要「主動出擊」，想要站在陰陽動態中陽性角色的句型。只要雙方都至少能運用這樣的句型，就能自然地一來一往，順利地發展下去。

陰性角色的句型（在關係裡想要被滋養的一方）

陰性角色的核心概念是「回應」，所以可以利用帶有回應意味的句型強化你的陰性能量表現，同時帶動對方強化他陽性主動的能量。陰性的主題是「接收」，也因此你的任務就是給予對方行動之後的「回饋」，以及讓陽性角色知道「如何給予你」的大方向。

1. 我喜歡＿＿＿／我不喜歡＿＿＿

   >>> 讓對方知道給予的方向

2. 你＿＿＿（事情／動作）讓我＿＿＿（感受）

   >>> 給出回饋

常常說「我喜歡／我不喜歡」這種句型的人，不太會用各種理由跟藉口來合理化自己的感受，也就容易給人一種「可愛」的感覺。但請不要抓著這個句型的文字不放，而失去了溝通的彈性，最重要的是你有抓住這兩個句型的「核心主題」。有時候不一定要用言語表達，用非語言的方式肢體、眼神、表情等，甚至可以更加完整地表達自己。

表達自己感受的句型

陰性角色（以異性戀來說的話，大多會是生理女性）其實可以多把重心放在自己身上，在對話互動中重視並堅持自己的感受（不用任何解釋，可以說我「就感覺到」這樣，也不要對方為你的感受負責），就容易得到陽性方尊重的對待。

A：「你這樣我會很害羞啦」／「我想給你這個」

對方：「為什麼會害羞？」／「為什麼要給我？」

A：「不知道啦，就會害羞啊」／「我就想要給，沒有為什麼」

告訴對方自己的感受 VS. 想支配對方的句型

在使用陰性角色的句型時，最需要注意的地方就是：對方是否要滿足你的喜好，那是對方的自由，請不要支配對方要怎麼做。

A：「等待太久會讓我覺得不開心」

「我真的很討厭等人的感覺」

B：「你讓我等這麼久這樣對嗎？」

「以後不要讓我等，不然我就不跟你出門了」

A 是告知對方自己在這個刺激下的心情變化，而不是支配對方「不能這麼做」。但 B 卻是告訴對方「這樣做是錯的」，甚至直接情緒勒索。

喜歡與不喜歡是不需要理由的，也不需要有一致性，就像是我們去吃牛排，吃第一塊你可以說「天啊好喜歡好好吃哦！」吃到第三塊你就突然討厭吃牛排，開始有想吐難吃的感覺，這完全沒有不合理的地方。當然我們可以分

析說因為吃太多所以對同樣的東西產生不同感覺，但撇除分析，反正事情不就是這樣嗎？我們不需要總是對同一件事、同一個人、同一個東西永遠有相同的感受。立即地表達自己的感受，不管這個感受對別人來說是否合理。

這邊要注意的是，回饋要「立即」。**拖越久的回饋會越讓對方感覺到壓抑跟壓力，也因此不管是開心、不開心都要在當下直接表達**（再強調一次不用一定要用講的，用肢體語言表現也行）。而這其實沒什麼技巧的成分，也不太需要動腦，就只有「誠實不壓抑」跟「尊重自己的感受」而已。

舉例來說，對方連續傳「早安」三天，你在第三天時覺得看到他的訊息很開心（前面兩天沒有很開心也沒關係），就可以直接說「早上看到你的早安讓我心情好好～」。或是對方講了一句讓你心花怒放的話，你就說「這樣講我**好高興**」。如果對方讓你不開心，你就直接表達不開心，對方問為什麼，你也不用給什麼特別原因，就說「**就覺得不開心**」。

想要更詳細的說明的話，可以表達出他要怎麼做才可以讓你開心。（但這邊要特別注意表達方式，不要給對方

指令，完全地將專注在表達「自己喜歡什麼樣」，對方要不要做是他的自由。）

陽性角色的句型（在關係裡想要滿足對方的一方）

陽性的核心概念則是「帶領」。同樣的道理，你可以透過這些句型來強化自身的陽性能量，並且帶動對方強化他的陰性能量。陽性的主題是「給予」，因此你的任務就是「給出自己的想法，再根據對方的回饋來調整自己的行動方案」。

給予方一定要根據接收方給的方向來行動，不然就失去了給予本身的意義。（我相信喜歡自己在陽性能量中的各位，一定懂得自己能夠取悅自己喜歡的人，能接收到正向回饋的感覺是多麼良好。）

這邊也只需要活用兩個句型：

1. 我想要／我不想要＿＿＿

   >>> 給出自己的想法，但不是要強迫對方

2. 你喜歡／不喜歡＿＿＿嗎？

   >>> 了解對方的感受，讓對方感覺到被重視

在陰陽創造的動態過程中，陰陽雙方都需要前進的能量，這段關係才會順利地在「形式上」往前推。陰性能量得先給出方向（但她本身不動，只是表達自己而已），然後陽性方接收到含有方向性的訊息之後，做出實際的動作來「帶領」對方。再來，對方接收到你的帶領的訊息，也會產生自己的感受。

這時候陽性方的任務就是：不管對方是拒絕你的帶領／提議還是接受，你都要處之泰然，不要大驚小怪太多情緒波動，如果無法保持自己的想法，那在互動中你就會馬上變成陰性角色，這無關乎性別。（例如對方生氣了你就退縮，「想要讓對方開心」的決心跟信心頓時減弱，你的男性魅力也會頓時減弱。）

陰性給出概念，但沒有實體的方向，由陽性解決問題的天性來「將方向實體化」並且提議出來，提議出來之後再看對方反應。這樣不斷循環下去。但這邊有一個重點，那就是不管是陽性方還是陰性方，都要用**輕鬆的態度**來面對對方給出的所有東西。太容易被冒犯到的人、或是很需要保護自己的人，在這過程中就會遇到很多障礙，感情自然也就會被自己搞得很複雜。

很常表達「我想要」什麼的人，很容易給人一種「知道自己要什麼」的魅力，這其實不管是在男性、還是女性身上呈現都是很吸引人的一種陽性魅力。所以女性如果喜歡被追求、被保護，可以拿捏一下說「我喜歡／不喜歡」跟「我想要／我不想要」的比例。常用前者的女性容易被認為是可愛型、小任性，但會激起對方保護欲的感受，常用後者的女性則會給人一種成熟型、性感，較難以駕馭但刺激的感受。（當然其實語氣才是真正影響這句話如何被感知的重點，但我目前只能用文字。）

　　以此類推，陽性方也可以多多使用其它有關「帶領」的句型，在邀約的時候，如果還不確定對方對你有沒有好感，可以先用比較中性的方式邀約：「**我想去 ＿＿＿（或我明天要去），你有空的話要不要一起？**」讓對方有「拒絕也沒有關係」的輕鬆感，但這種表達方式比較沒有「陽性帶領」的感覺，比較是朋友階段的句型。

　　稍微確定彼此有點好感之後，就能使用「**我想帶你去＿＿＿＿＿**」這個句型就會非常地加分。陽性方要多注意陰性方給出來的訊號，根據對方給的訊號來調整自己，因為如果陰性方沒有很假鬼假怪的話，通常會給出「允許」你帶

領他多少的訊號，這需要特別去感受。

　　很多陽性方追求女生不利，都是栽在沒有正確閱讀陰性方給出的訊號。或是過度解讀跟在意對方給出的訊號，導致關係變得有壓力、不輕鬆。而很多陰性方吸引不利，則是栽在自己在意太多事情，在乎結果多於在乎自己的感受。當然這並不是說陰性方不能付出或給予，而是在形式上如果想被追求跟滋養，就要用「回應」的方式給予，才不會讓陽性方覺得自己的工作跟成就感被搶走。（但偶爾反過來也會讓關係變得很有趣，讓平常處於陽性角色的那方也覺得被滋養。）

　　陰性方的給予的主題是「貼心」而不是「取悅」，陽性的給予則相反，是「取悅」而不是「貼心」。當然如果陽性角色偶爾也想要展現自己貼心的一面也可以，只是要了解那就變成自己當下佔領了陰性角色。只要適當拿捏比例即可，因為我們其實陰陽面都會想要感受。

　　比方說，看到對方好像在尋找衛生紙，主動遞上叫做「貼心」不是「取悅」。但是去了解對方的喜好、並且安排約會行程就叫「取悅」不叫「貼心」。貼心跟取悅的差

別在於，貼心是看到對方已經做出了實際的動作，你最後那一點推動跟「回應」來補足這個動作的完整性。而取悅則是沒有看到對方做出什麼實際動作，直接自己「主動發起」的東西。拿「主動幫對方夾菜」來講，如果是幫對方夾對方看起來想吃但距離很遠的菜，那就是「貼心」。但對方看起來沒有表示自己想吃那樣的東西，東西看起來也不是很遠，你幫他夾，就是「取悅」。

　　想要正確地判斷對方給出的訊號，只有一個方法，那就是「不要判斷」，而是去「感受」。像是兩個人共跳雙人舞，你是在感受對方的動向，進入關係的能量流，而不是一直「分析、判斷」要怎麼跟對方共舞。

　　當你的內在自然流洩、沒有情緒執著的感受，就會剛好補足、對應到對方現在的狀態。總結來說，是根本不需要刻意知道對方現在想跟自己傳遞什麼，而是直接由感受去帶領自己「想做什麼」。這樣你們才可以用最有效率的方式去完成這段關係的任務，不論結果是和諧還是不和諧（並不是每一段關係的任務都是達成和諧，也不是每一個有好感的對象，都一定要是適合的，或花很多時間與對方在一起）。

女神（神性）狀態的戀愛關係檢測表

- 對方開心，我就跟著開心、對方難過，我也會覺得難過、對方幸福，我也會感到幸福。

- 只要知道對方存在於這個世界上就覺得足夠。

- 自己變得越喜歡對方，自己越是喜悅。

- 只要跟對方待在一起，什麼都不用做也覺得很開心、滿意。

- 在對方身邊感到莫名地安心、在對方身邊時從未懷疑過自己的魅力。

- 不用任何證明，就是莫名覺得對方感受到的，跟自己是一樣的。

- 很喜歡看到對方跟自己以外的人相處，展現出各式各樣自己沒看過的樣子。

- 在為對方付出的過程中，感覺到無比的幸福。

- 跟對方在一起的每一天都覺得自己非常幸運。

- 不想因為自己的存在，束縛、限制對方的任何自由。

- 希望對方在自己不在的時候也可以過得很開心。

- 可以自然而然地不去在意對錯，而是在乎對方的感受。

- 就算有衝突也不會發生爭執，可以認同對方跟自己擁有不同看法。

- 完全感覺不到對方需要自己做任何努力，但非常喜歡為對方用心。

　　如果有符合 5 點以上，就表示你找到那個「對的人」了！

在愛的眼光裡，
如何看待外遇與背叛？

2

在愛裡，外遇（或對方的變心／離開）是一個無法避免的結果，但卻沒有「背叛」的概念存在。我們已經用將近一整本書的內容在說明一件事：每個人都是一個擁有自由的個體，並且關係的本質永遠都不會變。

一個人不管選擇什麼，都是在試圖創造自己的快樂，無論那是否是有效的或有遠見的。如果這段關係走到對方去與其他對象探索可能性的局面，如果你感到受傷，那你得知道這是你需要療癒自我的部分：你作為一個個體，尚未靈性成人，仍然會被外界的發生左右跟控制。（如果你

療癒了這個議題，這個現象將不會再發生。）

　　一個已經情緒獨立、靈性成人的個體，不會因為對方選擇了別人而感到受傷或被拋棄，而是會接受這段關係已經到期了、彼此還有功課要做，或是開心自己終於又往真愛的體驗更前進一步（因為釋放掉不適合自己的，就等於為更大的幸福創造了進入的空間）。

　　當我們內在分裂的程度越來越小（合一度越來越高），我們的「理性」跟「感性」也將自然而然地不再打架，我們不會喜歡上不適合（不喜歡就等於不適合）我們的人，不會執著於對我們沒有感情的人，不會被遍體鱗傷但有超強手段的人吸引。因為我們越來越真實，也只會被真實吸引，也就更能辨認包裝得很高竿的虛假。

　　原諒在愛中也不存在（但在前往愛的過程中存在），因為在愛中本來就沒有誰做錯了任何事，也沒有誰能讓誰感到受傷，在愛中每個人都會為了自己的體驗負起全責。原諒意味著我們必須先將那個做錯事的人定罪，認為他做錯，才有需要原諒的必要。但在我們慢慢療癒自己的過程中，原諒是一個必要的過程，因為在我們心中仍然有好壞對錯存在時，我們也不需要否定那份認為別人辜負我們的

憤怒。不管我們在什麼階段都沒關係，重點是認真地面對每個當下的自己。原諒不是什麼高尚的舉動，只是放過自己、將自己從憤怒與怨恨的牢籠中釋放的鑰匙。

在愛中，沒有原諒與否，只有自己是否決定要繼續跟這個人攜手走下去，唯一能走下去的可能，就是理虧的一方釋放掉了罪惡感，而表面上的受害者釋放了憤怒，未來才能做到不記仇跟翻舊帳，從而真正做到「重新開始」而不是「破鏡重圓」。因為沒有人可以背叛你，當外遇發生後，你無法抹去心中的裂痕卻也沒辦法放手，那是自己對自己的背叛。

過去我也一直在掙扎，覺得自己喜歡的人選擇別人怎麼可能有辦法忍受？怎麼可能甘心？但我就是不斷地釋放自己各種忌妒跟被拋棄的恐懼，有一天我就突然不在意了。外遇、被拋棄這件事情不再可怕，是因為我拿回了主宰自己的體驗的力量。

以前回想到自己被「背叛」的那一刻，總是難受到讓我不願繼續待在那個畫面中，但現在當我回想那一刻，我不難受了，不難受的原因是我對自己自愛的程度有信心，不會愛上會逃避的人。我會選擇的是，當他有這種念頭跟

衝動時，會找我討論跟坦承的伴侶。因為我不再排斥、也不再因為對方有那樣的想法而感到受傷，所以我也有信心對方會願意跟我分享他的想法。就算對方還是選擇了欺騙，我也有信心自己可以帶著無損傷的心情離開這段關係。

「自己跟對方都永遠可以選擇離開」這件事是很重要的，當我們執意地想要某一段實質上已經沒有情感流動的關係繼續下去，那我們也不會在這段關係中感到滿足跟幸福。該結束的關係早早讓它結束，對方想走，就讓他走吧，留著一個不想在你身邊的人的肉體有什麼意義呢？宇宙肯定準備了超出了我們想像的更美滿的感情，但前提是我們必須先清理出讓這段新戀情進入的空間。

如何吸引
有愛的關係到生命中？

3

「向月老下訂單」似乎是一件近年來很紅的一件事（也很多人印證成功），這也是我曾經做過也成功的一件事（在這件事流行起來以的五年前，我就做到了）。我的前男友符合我所有訂單上的要求，但最後我卻發現我們兩個並非該在一起的人，所以攜帶著上一次痛定思痛的體驗，如果想要吸引圓滿又不費力又不會彼此消耗的關係，對於訂單內容的觀念一定要修正。

首先，要搞清楚的第一件事情：「理想對象」跟「靈魂伴侶」是不同的概念。「理想對象」是藉由社會價值觀

的制約，加上自己對於愛情的投射所形成的認知，是由「匱乏」為出發點所產生的條件，所謂「理想對象」與真愛無關，反而是來教會我們：社會價值觀的制約以及由「匱乏」出發的條件，無法使我們感到幸福。

　　如果要吸引可以引發靈魂深處共鳴的那一位對象，就需要了解自身的靈魂的輪廓，了解與自己「相合的能量」會是什麼模樣。因為超越了一切外在條件，回到靈魂（能量）自身的相愛，才是經得起考驗的「真愛」。當這世間上越多人能體驗真愛，這世界就一定會朝向苦難越少的方向前進。

　　當我們想要吸引「理想對象」時，我們通常會將許願的描述重點放在「對方會是怎樣的人」上面，例如身高、長相、特質等等。當然若吸引來這樣的伴侶也沒有不好，只是那跟愛與幸福不會有關係。但如果你的目標是想要吸引「靈魂伴侶」，那建議各位把許願的描述放在「自己跟這個人在一起會有什麼感覺」的「體驗」上面。

　　如果我們是照「理想對象」的角度來許願，你可能會寫下「這個人要有錢」，但是有沒有錢並不是重點，因為有錢也不見得對你大方，那你可能會想說，那我加上一條

「有錢又大方」好了？但如果他是對所有人都大方呢？

　　那你可能又會想說那就寫「有錢又只對我大方」吧！但是，有錢只對你大方也有可能是一種對於金錢沒有計畫的表現（我的前男友就是如此，對我很大方，但那個大方是缺乏長期的考量的），有錢也不見得他是一個有上進心的人（有可能是整天無所事事的富二代、啃老族）。可見如果用這樣的邏輯去許願，很容易有漏洞。我們要開始理解，我們生活在世的快樂與否，都是取決於「感覺」，而非事情的客觀狀態本身。所以，更精準的訂單要求是：「跟這個人在一起不用為錢擔心，總是感到滿足」。

　　你許願寫下「對方長得很帥」，不如寫「讓我很心動」，許願「對方有腹肌」，不如寫「讓我慾火焚身」。我們都會以為那些自己向外投射的「條件」是自己要的，但事實上我們要的是這些條件能引發的「感覺」而已。但或許你也需要經歷非愛的關係，才能領悟自己想要經歷什麼，因為能夠讓你慾火焚身的人，也許會是跟你想像中完全不一樣的樣子。

　　再來，是要將心中的位置「空出來」。如果你希望的伴侶是「對方很喜歡自己」的話，那就要立即停止並再也

不追逐不喜歡你的人。現在這個人沒表現出喜歡你的樣子、重視你的感覺，那這個人就「不是你要的」，立即放手。向宇宙許願最重要的就是，你的意念、行動都你要跟你許下的願望有「一致性」。

你認為你想得到幸福卻一直追著不願意給你幸福的人跑，這合理嗎？不要冀望你能改變任何人，你持續地追逐就只是不斷地向宇宙宣示「我不值得被愛」，那宇宙也只好給你相應與此的結果。向宇宙「許願」，事實上是要告訴宇宙「你有什麼」而不是「你還沒得到什麼」，因此你對待身邊人事物的態度也要對應到你想要的那個結果上，為這個結果挪出一個歡迎它的能量空間。

我也祝福各位看完這本書的人，可以找到那個引發自己純粹情感的對象，成為一個知曉幸福與懂愛的人。

女神狀態

作者— AWE 情感工作室 文飛（Dana）

設計— 張巖

主編— 楊淑媚

校對— Dana、楊淑媚

行銷企劃— 謝儀方

第五編輯部總監— 梁芳春

董事長— 趙政岷

出版者— 時報文化出版企業股份有限公司

　　　　108019 台北市和平西路三段二四〇號七樓

發行專線— (02)2306-6842

讀者服務專線— 0800-231-705、(02) 2304-7103

讀者服務傳真— (02) 2304-6858

郵撥—19344724 時報文化出版公司

信箱—10899 臺北華江橋郵局第 99 信箱

時報悅讀網—http://www.readingtimes.com.tw

電子郵件信箱—yoho@readingtimes.com.tw

法律顧問— 理律法律事務所　陳長文律師、李念祖律師

印刷— 勁達印刷有限公司

初版一刷— 2022 年 1 月 21 日

定價— 新台幣 320 元

女神狀態 /AWE 情感工作室, 文飛 (Dana) 作 . -- 初版 . -- 臺北市 :
時報文化出版企業股份有限公司，2022.01　面；　公分
ISBN 978-957-13-9920-1(平裝)
1.CST: 戀愛心理學 2.CST: 兩性關係

544.37014　　　　　　　　　　　　　　　110022484

時報文化出版公司成立於一九七五年，並於一九九九年股票上櫃公開發行，於二〇〇八年脫離中時集團非屬旺中，以「尊重智慧與創意的文化事業」為信念。